Animals in the Spirit World

ペットたちは死後も生きている

ハロルド・シャープ Harold Sharp
小野千穂 訳

日本教文社

本書によせて——山川亜希子

最近、ペットを失って魂が抜けてしまったように感じる人が多いそうです。この本の訳者、小野千穂さんもその一人でした。何カ月も抜け道の見えない悲しみの中で、彼女は一冊の薄い本に出会いました。それが、この『ペットたちは死後も生きている』でした。何回もこの本を読む内に、「私の愛犬もむこうの世界で楽しく生活している」とわかって、彼女はやっと、ペットを失った悲しみから抜け出すことができたそうです。

そんな中で、やはりペットを失ってちょっとしょげていた私と彼女は出会いました。それ以来、ドイツと日本に住みながら二人は仲良しです。これは、天国にいる私たちの元ペットである白い小犬たちからの贈り物なのでしょう。

私たち人間を含めて、すべての生き物の命は不滅であり、死というものは本当は存在しない、私たちが「死」と呼んでいるものは、魂が肉体という衣服を脱ぎ捨てて、もっと明るい世界へと移行するプロセスなのだ、ということを、この本は私たちに伝えています。ペットを亡くされ、悲しみを克服したいと思っている方はもちろんのこと、多くの方々に読んで欲しい本の一つです。

二〇〇二年四月

ペットたちは死後も生きている——目次

本書によせて――山川亜希子　1

1――生命は死後も存続する　11

天国で愛犬と再会したチェスターさん　12
動物好きの人のオーラは、オレンジ色　15
私からのメッセージ――
　ペットたちはすばらしい世界で今も生きている　17
愛猫を受け取った天国の母親　19

亡くなった動物を物質化する　21

2——魂が姿を見せるとき　27

亡き愛馬と今も暮らす妹　28
俳優の小犬たち　33
喜びの出現　34
見捨てられた動物を救う人　37
犬のヘクターとセキセイインコの物質化　39
喜びの光に包まれる牛小屋　42
天国のネボがいる　45
天国で恩人と暮らす動物　49

3——ペットたちは愛を忘れない 55
夫と隣家の犬 56
老兵が見たヴィジョン 57
ネルはそこにいる 61
ナンシーはポニーに再会した 64
ジプシー青年とカラス 66
写真に現れた他界の猫 72
子猫が持ってきた幸福 74
動物たちをヒーリング 78

4——アストラル・トラベル（霊界への旅） *83*
コナン・ドイルの体験 84
霊界で再会した友人たち 86
ジプシーの青年とジャッコ／アッシャー夫妻と動物たち
恐怖を消す池 93
ローラと野生の王国 96
ペットの世話人たち 101
命は永遠に生きる 103

5——動物は霊的な存在である　*109*

魂は自由に旅をする　110

愛の祈り　115

果樹園での立ち聞き　*118*

訳者あとがき　*120*

ペットたちは死後も生きている

Animals in the Spirit World

1

生命は死後も存続する

天国で愛犬と再会したチェスターさん

私は体の不自由な老婦人セーラ・チェスターさんのお見舞いに行った。チェスターさんは過去何年間か寝たきりだった。私たちは、死後の生命存続や、そのことが百パーセント当然であることについて話し合った。

「そうなんですよ」と彼女は言った。

「わたくし、天国についてのよくあるイメージがどうしてもしっくりこなかったのですよ——まわりはどこも金色の床で、ぴかぴか光る門があって、音楽はハープの音だけだなんて。わたくしにはそんな世界など、なんの魅力も感じられません。わたくしはこの年とった犬のジャンボさえいれば、文句なしに幸せですわ」

ジャンボは忠実な牧羊犬だった。ご主人さまの体が麻痺してからの六年間も、常に変わらぬ愛すべき連れあいであった。チェスターさんはジャンボを愛し、ジャンボもチェスターさんを心から愛していたに違いない。そして、ジャンボが高齢で死んだとき、チェスターさんも後を追うように亡くなったのだった。

その後しばらくしてから、私はミセス・ネヴィルに会った。彼女は当時、ロンドンの有名な霊媒《ミーディアム》だった。

そのときミセス・ネヴィルは、話の途中でこんなことを言った。

「おや、ここに一人のご婦人がいらっしゃってますよ。六十歳ぐらいかしら。チェスターとおっしゃってますが。ご自分の名前か、住んでいた場所かしら。このご婦人は、大きなむく犬と一緒です。あら、ご婦人は犬をジャンボと呼んでますね。ツイードの上着を着て、これから犬と散歩に行くのだそうですよ。まあまあ、おそろいで元気いっぱいだこと」

なんてすばらしいのだろう。こんなに嬉しいことはない。この一人と一匹は間違いなく、私の古い友人とあの長年連れそった愛犬ではないか。向こうの世界は苦しみや悲しみとは無縁な苦痛の存在しない地である、と書かれた聖書の描写はなんと正しいことか。チェスターさんの体の麻痺は地上時代のたいしてよい思い出とは言えなかったが、もう過ぎ去ったことだ。それにジャンボの老衰も今はない。

最近、ある不可知論者（訳註・神の存在を知ることは不可能と主張する人）にこのことを話したところ、彼は非常にこっけいに感じたようで、こう言った。「あきれたね。なんとまあバカげた話だろう」と。「死んだはずの人間がずっと生き続けて、しかも動物も死なないなんて、あなたそんなことを本気で信じているんじゃないでしょうね」

そこで私は言ってやった。

「もちろん。私にはわかるんですよ。彼らが今も生きているのがね」

私の言葉に対する彼の返事は、かなり失礼なものだった。「へえー、じゃあ、今まで死んだ人や動物が全員いられるところが一体どこにあるっていうのかね？」

人間がいかに未熟な想像力で霊界の無限大さを制限しようとするかは、驚くばかりである。もしも人々が一瞬でも立ち止まって考えさえすれば、無限の霊界に比べて、私たちの広大な物質世界が実はどんなにちっぽけなものであるかがわかりそうなものなのに。

たとえば、遠く数百万マイルもの旅をして宇宙から情報を送信してくる惑星探査機のように、人間が自分の技で作った機械はじつに見事に作動しているが、そうであれば、自然の神が考え出されたものはさらに巧みに働いていると言えないだろうか。

人間の繊細な心霊的投射（訳註・物質的身体から霊体〈アストラル体〉を離して、高次の世界に飛翔させること）と記憶の能力はすばらしい道具である。それは霊界の果てしない地表を一目で見渡して、平安と魂の目覚めの両方を地上の住民に持ち帰ることを可能にしてくれる。

「ホレイショー、この天地のあいだには、哲学などの思いも及ばぬことがたくさんあるのだ」とシェークスピアは書いた（『ハムレット』福田恆存訳、新潮社）。この言葉こそ真実だろう。

動物好きの人のオーラは、オレンジ色

すべての生き物は生体磁気のオーラ、つまり生命が放つエネルギーを持っている。それは肉眼には見えないが、オーラにははっきり現れる。

たとえば、動物好きの人のオーラはオレンジ色の光で満ちている。この光は動物たちにとってとても心地よいものである。それによって動物たちは信頼と自信を感じる。磁石が鋼鉄を引き寄せるように、そのオーラは動物たちを魅了する。一方、恐怖のオーラは赤茶色で、動物たちを刺激して攻撃への欲望と怒りを促進させる。

どんなかたちの生命にも死というものはないので、あなたの友達だった動物も、他界した人間の友達と同じように、確実に生き続ける。埋葬されたのは、不要になった単なる肉体の「ぬけがら」である。どんな生き物でも「肉体という檻《おり》に閉じ込められていた間」、もしあなたのオレンジ色の光がその生き物に喜びと一体感を一度でも呼び起こしたことがあったなら、あなたの光は今も彼らを魅了していると信じてほしい。

あなたの他界したペットは地上にいたときより、はるかに元気で、恐れをまったく知らない生を送っている。そして、他界する前と同じように、今もあなたのそばに惹《ひ》き寄せられているのだ。

高感度の霊的受信能力を持つ霊媒には、実際にその現象が起きるさまが見える。肉眼で周囲の物体が見えるのと同じように、霊能者の視力はより繊細な存在の波長に合わせられる——つまり霊界の波長に。これこそ、詩人たちが天国と呼ぶ世界なのだ。

私からのメッセージ——
ペットたちはすばらしい世界で今も生きている

私がこの霊的能力に初めて気づいたのは、七歳のときである。一人の老僧がたびたび現れては、ベッド横のひじ掛け椅子に座る。老僧は何かを深く考えており、瞑想をしているように見えた。老僧がいると私は幸せで安心できた。覚えているかぎりでは、夜間の訪問中に彼から話しかけられたことは一度もない。

ときには、聖歌隊の少年が来て歌をうたってくれた。しかし、老僧ほどひんぱんには来なかった。そして、マートルという名の私のかわいいペキニーズ犬（ひどい痛みをともなう悪性腫瘍ができたため、やむなく父が銃で死なせた）も、彼が「死んだ」後も長いあいだ、生前と変わることなく私のベッドに跳《と》び乗ってきては、横で気持ちよさそうに寝ていたものだ。

私の霊的な能力は生まれつきだったので、これらすべてのことはごく普通のことに思えていた。だが、霊能者でない両親は、私がこういったことを口に出すと、私のことを異常だと考えたようで非常に心配した。

十七歳のとき私はロンドンに出て暮らし始め、心霊主義者《スピリチュアリスト》たちと出会った。そして世界で最も重要で深遠な問題である「生命の不滅」について真剣に取り組む研究者となった。

老僧との体験や、他のさまざまな体験は、私の一部分である霊的な部分が、ほかの圏域《けんいき》、つまり、ほかの波長の世界で生きている者たちからの影響力を感知したという解釈でしか説明できない。彼らの不滅の生命は霊的な身体を持っており、まったく自然な状態で機能しているのだ。地上での肉体はとっくの昔に埋葬されたという事実にもかかわらずに。

私は、あの広大な、神の霊的な世界で出会った、死を超えて生きる動物たち（もちろん鳥たちも含めて）について、いくつかの話を読者の皆さんにするよう依頼された。この世界は、霊視ができる者を除いてはめったに見ることができない。

動物を愛するあなた、愛するペットを亡くしたあなたに知ってほしい。ペットたちは今もすばらしい世界で、幸せに楽しく生きていることを。あなたがペットのことを考えたり、話したりするたびに、あなたのオレンジ色の光が、彼らに「おいで」と呼びかけていることを。そのとき彼らはやってくる。彼らにあなたの悲しそうな顔を見せないほうがいい。あなたがそんな顔をしていると、ペットだって悲しむだろうから。

愛猫を受け取った天国の母親

何年か前のことだが、あるやさしい女性が霊とのコンタクトのために、私のもとを訪れた。

彼女は非常に悩んでいた。理由はこうである。彼女の母親は一匹の猫を心からかわいがっていた。そして、亡くなる前、一人娘であるその女性に猫の世話をたのんだ。娘はこころよく約束した。しかし、そのうち猫は重い病気にかかり、痛みもひどかったので、獣医は安楽死をさせたほうが猫のためだと女性に伝えた。彼女は仕方なくそうすることにした。だが、猫が死んでからというもの彼女はたいそう悩み続けた。自分は母親との約束を破ってしまったのではないかと思ったからだ。

私の指導霊であるブラザー・ピーターとコンタクトをとると、彼は次のように言ってきた。

「あなたのお母さんがここにいらっしゃっています。お母さんは心から納得しておられます。そして、あなたがティップス（猫の名）を自分のいるところ、つまりティップスがもう決して痛みを感じることのないところに送り届けてくれて本当に嬉しかったと言ってます。お母さんは誕生日にティップスを受け取ったから、まるで誕生日のプレゼントをもらったみたいだそうです。今ではティップスは痛みがまったくないと、お母さんははっきり言っておられますよ。ティップスは幸せで元気いっぱいだそうです。お母さんは愛猫と一緒で、本当に喜んでおられますよ」

そのときのコンタクトの効果は絶大だった。彼女の世界には光がさし、日増しに大きくなっていた悩み事も完全に消滅したのであった。

亡くなった動物を物質化する

あのすばらしい霊媒であるジャック・ウェバー（訳註1）がロンドンに移り住む前、彼は数回私のハムステッドのアパートに滞在し、一連の降霊会《こうれいかい》を催した。

私がどれほど猿が大好きで、レスターシャーの古い家に住んでいたときもペットとして猿を何頭か飼っていたことなど、彼は知らなかった。私のお気に入りは一頭のブルー・マンガベー猿（訳註・オナガザルの一種）で、たいへん愛らしく、たえず人の注意と賞賛を自分に向けさせようとする、これまた繊細で見え坊な猿だった。名前をミッキーといった。「やんちゃ坊主ミッキー」と言うべきだろう。というのもミッキーは陽気ないたずらで、いつもわが「安らぎの時」をかき回してくれていたからである。

ある日曜の朝のことだ。ミッキーは逃げ出した。村の通りを走って行って、たぶん教会の合唱の歌声に引きつけられたのだろう、教会に入り込み、説教壇《せっきょうだん》に跳び上がって、ろうそくを見つけ、牧師の怒りも何のその、ろうそくを全部食べてしまうまでそこを動かなかったのである。ミッキーはいつも、ろうそくを一種のすてきなごちそうと思っていた。

猿の汗にはカリウム類がいくらか含まれているが、猿はその汗が皮膚で結晶化したものを食べるのが大好きで、退屈になるとこのごちそうをおたがいに毛をかきわけては探すことに時間を費やす。そのことがわかっていない人間は、猿たちがノミを探しているのだと思っている。もしだれかがミッキーを、ノミ捕りばかりしていると叱ったりすると、彼はプライドを傷つけられたと感じ、おおいに怒ったものだ。

さてここで、ウェバーとハムステッドの降霊会の話に戻ろう。美しい声を持つリューービンという精霊が降りてきており、ちょうど歌を歌い終えたところだった。すると、私はひざの上にかなりの重みを感じ始めた。ウェバーの指導霊であるブラック・クラウドが言った。

「シャープさん、動かないでくださいよ。あなたのひざの上にかわいい大きな猿が物質化していますから」

それは次第に、ミッキーの姿として見えるようになった。しかし、残念なことに、ブラック・クラウドが突然大声で叫んだのだ。

「だめだよ、ミッキー。皆さんのいる前でノミなんか捕ったら」

ミッキーにはその一声で十分だった。彼は一跳びして、だれにも誤解されることのないところへ（と私は願っているが）行ってしまったのだった。

また、あるときウェバーはフットボールの試合に行って、帰りがいつもより遅くなった。心霊サークルの参加者たちは集まって楽しくおしゃべりをしながら時を過ごし、彼を待っていた。

話題が、冬の悪天候下における野鳥の運命のことになったとき、ある参加者は、たくさんの人間が飢えているときに鳥のために毎日大きな食パンを買う私の行動はおおいに間違っていると思うと言った。あとでウェバーが到着し、降霊会が始まったとき、オレンジ色に光るくちばしの、愛らしい雄のクロウタドリ（訳註・ツグミの一種）が物質化され、じつに美しい歌をさえずった。それが終わった時、ブラック・クラウドは言った。「シャープさん、このクロウタドリは、あなたがエサをあげている鳥たちの代表として、感謝の気持ちをさえずっていたのですよ」

ごく最近のことだが、別のクロウタドリが「陽の照り輝く世界」から帰って来た。

一年かそれより前、片足の雌のクロウタドリがいつも私の「エサやり場」を訪れていた。ほかのクロウタドリたちはこの片足の雌鳥をよく攻撃するので、私はほかの鳥たちがじゃましたくてもできないよう守りに立ち、ほかの鳥たちから離れたところのポーチでその鳥にエサをやった。その鳥はたいへん私になつき、お気に入りのごちそうであるチーズを私の手から食べるのだった。ときには、自分から台所の床に落ちているパンくずを拾いに来た。

その鳥はピョンピョンとしか跳《ホップ》ぶことができなかったので、私は「ホッピー」と呼んだ。日中いつでも庭に行って「ホッピー、ホッピー」と呼びさえすれば、どこにいても私のところにやって来た。酒好きがバーの開店時間を心得ているように、決まって朝七時には小さくちぎったパンがばらまかれているのをホッピーは知っていた。何かの理由で私が数分でも遅れると、ホッピーはポーチでドアをつついて「ピー！　ピー！　ピー！」と大声で鳴いた。

そして新年早々のある日、ホッピーが姿を見せなかった。名前を呼んでも返事がない。何度も何度も庭に出ては呼んでみた。ついに、ひとつの可能性に行きついた。どこかの猫に襲われたに違いない。

それから二週間かそこらたち、私が朝食を終えようとしていると、私の霊的な能力が聞き覚えのある声をキャッチした。「ピー！　ピー！」

霊視の目がとらえた、見事なまでにはっきりしたヴィジョンだった。ホッピーがお気に入りだった椅子のひじかけに止まっているのが見えた。ホッピーが私のほうにピョンピョンと跳んで来たとき、彼女の足が今はもう二本あることに気づいた。ホッピーはそんな自分を私に見せたかったのだろう。体の不自由さは地上だけにしか存在しないものだ。霊界における神の法則のもとでは、肉体の障害など存在しないのだ。

（訳註1）ジャック・ウェバー（一九〇七―一九四〇）――イギリスで活躍した有名な霊媒。物質化や物品引き寄せ《アポーツ》をした。

2

魂が姿を見せるとき

亡き愛馬と今も暮らす妹

私の実家は畜産農家だったが、青年であった私は家計をまかなっていくために動物を繁殖させ屠殺するということに耐えられず、家を出て、ロンドンでジャーナリストになった。それがどんなに重要なステップであるかに、当時の私はほとんど気づいていなかったのだが。

ある日私は、目に見えないすばらしい世界へ通じる、目に見えない壮大なドアの存在を、賢明で親切な一グループの人々に教えてもらうことになった。ロンドンにおいても、そのドアはすべての家々や通り、煙、匂い、忙しさ、涙や興奮の中に存在した——だれもがそのドアに通じる、目に見えない鍵を与えられている。目に見える眺めからは隠されているが、忍耐強く探そうとする者には必ず見つけられる。これは真実だ。

かつて、彼らが初めてドアをあけたとき、それまで見たことのない広大な世界が目の前に開けていた。想像さえできない光り輝く世界、死のない世界が。

誰もの隣りにあるのにほとんど考えも及ばない世界が。このドアの鍵を探すように力づけてくれた友人たちに、私はどれほど感謝していることだろう。彼らは、私にどんなに喜びや理解をもたらしてくれたことだろう。

はじめ私は、純粋な好奇心からドアをあけてみた。そこから現れたのは、あらゆるものに勝る荘厳な存在のレベルであった。そして私はついに、その奥に入って行くよう励まされ、死後も生き続けている人たちと交流をもつようになっていった。もっとも、いつも短時間の訪問ではあったが、それによって私は、驚くべき法則が統治するこの目に見えない世界は、私たちの魂の視野を長いあいだ曇らせてきた肉体の殻の世界よりも、はるかにすばらしい世界であることをさらによく理解することができた。

妹のキティが親しい女友達を亡くしたとき、その嘆きようときたらまったく慰めようもなく思えた。そこで私は、霊とのコンタクトのために霊媒のメアリー・テイラーと会うよう妹を説得した。メアリーは妹にこの他界した友人について詳しく描写した後、この友人から彼女へのおおいに救いになるメッセージを伝えてくれた。

それから霊媒は言った。

「ステラという名前の、霊界に住むお友達をご存じですか」

妹は自分の友人たちについて考え巡《めぐ》らし、答えた。

「いいえ、存じません」

メアリーはちょっと黙り込み、それから言った。

「まあまあ、迂闊《うかつ》だったわ。彼女らが話しているのは女の人のことじゃなくて、馬のことでした」

妹は椅子からころげ落ちそうになった。私が猿に首ったけであるように、妹は馬が大好きなのだった。

「もちろんですわ」と妹は叫んだ。「私が愛していた雌馬はステラっていうんです。ステラという名前をつけたのは、額に白い星のもようがあったからなんです」(訳註・「ステラ」はラテン語で「星」の意)

妹はその馬をずっと恋しがっていたので、他界した友人からのメッセージを聞いたときと同じほど元気づけられた。メアリーはこう妹に伝えた。ステラは湖の近くにある美しい緑の牧場でたいへん幸せな暮らしをしている。もっとも、キティがステラについて考えたり話題にしたりするたびに、ステラはテレパシーで妹のことを想い、姿は見えなくとも妹のもとに来ていると思う、と。

次に妹と会ったとき、彼女は言った。「ああハロルド、あの日のコンタクトは決して忘れないでしょう。チャンスを取り逃がさなくてほんとによかったわ。考えてもみて。私のかわいいステラが私に会おうと駆けて来るのよ。なんてすてきなんでしょう」

それから後、妹はまったく突然、旅立ちの日を迎えた。彼女は、病院のベッドで冷たく固くなった肉体を残して去ったのだ。遺体はウースターシャーにある教会の墓地の木々の下に埋葬された。墓には季節ごとに花が咲く。しかし、もちろん彼女はそこにはいない。ステラが住む、美しい木々のうっそうと茂る緑の牧場、そこが妹の生きる霊界での住まいなのだ。そこで彼女が住んでいる家は、人の手によって建てられたのではない。「煉瓦《れんが》やモルタルで建てられたのでなく、地上にいたころになした思いやりある数々の行いによって」建てられた家である。妹はそうして自分の住みかを建てたのだ。
それはまさに、妹がこの世でなした数知れない思いやりの行いの証《あかし》である。キティの親切さときたら愚かしいくらいだと思う者さえいた。もしその通りだったとしても、思いやりに満ちた人生が安らぎと喜びという豊かな実りをもたらしたのだから、何が悪かろう。

向こうでの妹の家はほかの家から孤立しているわけではない。なぜならほかの友達が住む「霊界の家」がごく近くにあるから。私がコンタクトをとると、妹はよく、これらの友達のことや、地上時代にかわいがっていた猫、犬、そのほかの動物たちのことをすべて教えてくれる。彼らは今も、妹の天国の家族の一員である。全員一緒でこの上もなく幸せだ。多くの面で霊界は地上に似ているが、ただ霊界のほうがはるかに美しく、より平和である。

私の友人に牧師の未亡人がいる。彼女は子供のころ、お気に入りの雌馬にまたがって田舎中を駆け回っていた。転生論者らは彼女のことを前世で腕の立つ騎兵だったと主張し、人々は彼女のことを「馬上で生まれた」と言ったものだ。

彼女の乗馬に関する意識が何であったにしろ、そのような子供時代から多くの年月が過ぎ去った。しかし今でも時々、彼女は家の周りのすぐ近くにある木々と同じくらい、今は亡き自分の馬との霊的な近さを感じるという。私が前に述べた「目に見えない鍵」を見つける以前の月並みな考え方をしていたころの彼女だったら、動物の死後の生存についての考えなど一笑に付していたかもしれない。

俳優の小犬たち

十九世紀後半のヴィクトリア朝時代の有名な俳優コートニー・ソープは、多数の小型犬を飼い、かわいがっていた。彼が高齢になったとき、死ぬことを恐いとは思わなかったが、自分の犬たちがどうなるだろうと思うといつも心配でならなかった。コートニーは彼の愛犬一族を「養子にしてもらう」という条件で、多少の遺産金をある友人に払うよう取り計らった。

コートニーの死後、何年かたって、一人の年配の婦人が私のもとにやって来た。霊視すると、老人が見え、彼を囲んで元気いっぱいの犬たちが跳《と》び回っており、時々はこの婦人のまわりを跳び回る姿が見えた。

何年かの後に犬たちは一匹また一匹と、目に見えないドアを通って、霊界で待つ本来の飼い主であり友であった彼のもとへ行き、養子として住んだ家をあとにしたのだった。コートニーは、犬たちを世話してくれた女性に深い感謝の気持ちを伝えてきた。聞くところによると、犬たちがまだ地上にいたころ、コートニーは犬たちを引き取ったその婦人の家に「取り憑《つ》いて」いたも同然だったそうだ。しかし、犬たちが霊界の彼のもとに行ってしまった後は、彼の存在はほとんど感じられなくなった。

喜びの出現

「悲しみの聖母マリア」を祀《まつ》った聖堂は、イギリス国中になんとたくさんあることだろう。だが「喜びの聖母マリア」を祀った聖堂ときたら、なんと稀《まれ》なことか。しかし私は、喜びを感謝の気持ちで表そうと各地からそんな聖堂にやって来た人たちに出くわしたことがある。すばらしいアイディアだと思った。私は、感謝の気持ちに満ちてある聖堂にやって来た、あるハンセン病患者のことを覚えている。彼は自分が癒されたことへのお礼を言うために戻って来たのだ。

私が初めてその聖堂を見つけたとき、そこは甘い香りの百合《ゆり》の花で飾られていた。私は人生で味わった数々の幸せな体験を数えながらそこにひざまずき、感謝の気持ちを表した。

私がそうしていると、犬の首輪とリードを手にした年配の男性が来て、横でひざまずいた。彼の顔は幸せにあふれ、くちびるは祈りを唱えているかのように動いていた。彼はそこに長いことひざまずいていた。彼が去ろうとして立ち上がったとき、私は教会を出て、彼と話を始めた。

皆さんは、彼がなぜ感謝の気持ちを込めて「喜びの聖母マリア」を訪ねたとお思いだろうか。

彼は長いあいだ、ローヴァーという名の犬を飼っていた。この一人と一匹はあたかも一緒に育ったか、接《つ》ぎ木されたバラにでもなったかのようだった。朝は一緒に買い物に行き、午後は一緒に昼寝をし、気候のいい夜は一緒にすてきな長い散歩をした。

ある日の午後、老人は昼寝を終え、犬に話しかけた。だが、返事がない。犬の体はたしかにそこにあった。しかし、それは「ぬけがら」だった。ローヴァーの生命は、年老い、弱った肉体から自らを解放したのである。このことは老人に相当こたえた。彼は何週間も悲しんだ。初めて寂しさを感じた。

そして、私が彼に会う前日のこと。彼はたとえようもない幸せな再会を体験した。彼は、犬が手をなめている、温かい舌の感触で昼寝から目が覚めた。目をあけると、ほんのつかの間、生前そのままに尻尾を振っているローヴァーが見えた。一瞬の「霊視」である。あまりにもありありとしていて、これは夢でもなく想像をたくましくしたわけでもないとすぐにわかった。「ああ、神よ。この思いがけない出現に感謝します」彼は熱情をこめて言った。こうして、歓喜が彼を「喜びの聖母マリア」聖堂に導いたのである。

私たちは静かな場所に座るところを見つけ、生命の尊さについて、また、死は存在しないことについて長いこと話し合ったのだった。

見捨てられた動物を救う人

人々が住み慣れた家を去り、何マイルも離れた新しい環境に引っ越すとき、動物のことは大きな問題になり得る。彼らは今までの環境に慣れ親しんでいる。好きな散歩道があったり、だれからもじゃまされずに昼寝のできる静かな場所を知っていたり、それに、だれかと友情関係を結んでいることもある。残念なことだが、多くの敵をつくるのは動物たちより、いつも人間のほうなのだ。

そして、動物は知らない住居を気軽に受け入れない。彼らはしばしば、自らが愛し、「自分の力でつくりあげた」場所に、うんざりするほど遠い道のりを戻って行く。しかし、もとの家には知らない人たちが住んでいるし、その人たちに人間以外の家族がいたりして、この疲れ果てた旅人は歓迎されず、宿無しになってしまう。

しかしながら、動物からしてみれば幸運なことに、私たちの古い村には、ある老婦人が住む一軒家があった。動物たちはその家を「ようこそ荘」と呼んでいたに違いない。

堂々とした樫《かし》の木々と、さらに威厳たっぷりの白樺《しらかば》の木々がうっそうとおおいかぶさる長い静かな道ぞいに、彼女の家は一軒ぽつんと立っていた。無慈悲な世界の中、塀に囲まれた庭は愛のオアシスとなった。そこには村に来て迷子になったり、盗まれたり、捨てられた生き物、犬猫たち、オウムが一羽、猿が一匹、それにあるときはロバや山羊までもいた。そこは動物たちみんなの家であり、老婦人は全員をわけへだてなく愛した――ちょうど母親がわが子を愛するように。

彼女はその地方の動物界の真の保護者で、パチンコを持った少年やウサギ捕りのわなを持った男を見つけるとただではすませなかった。また、彼女は鳥に触れないよう猫たちに教える天賦の才能があるようだった。というのも、その庭は「金網なしの鳥類園」のようなものだったからで、そこではあらゆる種類の巣が見られた。

彼女と彼女の夫はベジタリアンだった。そして、ほとんど歳をとらない人たちのように見えた。なぜなら最年長の人たちが若いころに、この婦人を「オールド・ミセス・アッシャー」と呼んでいたと覚えていたからである。

さて当然ながら、天からのお呼びの声「善《よ》き者、忠実な汝《なんじ》、よくやった。汝の報いを受け取るがよい」を彼女が聞くときがやってきた。目に見えないドアが大きく開き、彼女は自分の新居へと急いだ。

霊とのコンタクトのために私が他の霊媒に会うたび、ほとんど必ず、そしてどの霊媒であろうと、この心やさしい老婦人とかわいい生き物たちの、ちょうど動物ランドのような場所について描写する。

後であなたがたにお話しするつもりだ。あの目に見えないドアをいかに私も通り抜けたのかを。このすばらしい「昼間より明るい土地」のものを見るため、またそこで再会したなつかしい友人たちの暮らしぶりを話すため、いかに賢者の指導霊と共に歩いて回ったかを。

犬のヘクターとセキセイインコの物質化

私は六歳のとき、ヘクターという犬を飼っていた。大きくてどっしりした犬だった。ヘクターは私を何度も押し倒しては、私の上着をくわえて再び起こそうとする。

もしヘクターが犬でなくて人間だったら、大酒飲みになっていたかもしれないと思う。あのように喉《のど》の渇く犬を、私はほかに知らなかった。ヘクターは水を飲むことが生き甲斐《がい》のようにみえた。たとえば、すべてのバケツの水、水たまり、馬の水桶《みずおけ》、蛇口からしたたり落ちる水滴にいたるまで、あらゆる水を求めた。もし、このうちのどれも見当たらなかったら、私の母のスカートを引っぱって、ポンプ井戸のほうに連れて行ったものだ。

ヘクターが「死んで」二十年たっていた。私はヘクターがいたことさえほとんど忘れていた。ロンドンのゴルダーズ・グリーンにあるグローヴァー・ボーサム氏の家で催した物質化実験サークルにおいて、ヘクターがみんなの目の前で物質化された晩まで。

サークルの中央の床には、水のいっぱい入った大きな青い陶器のボウルがひとつ置いてあった。それはときとして種々の心霊現象を補助強化すると考えられていた。物質化されたヘクターは、水がどんな目的でそこにあるか考えもせず、大きな音をたてて全部飲んでしまったのである。それからヘクターは「どうだい、ぼくって頭いいだろ」とでも言っているように大声で吠えた。後に知ったのだが、隣りに住む二人のご婦人がたにもヘクターの吠える声が聞こえたそうだ。

同じころ私は別の降霊会に参加したのだが、そのときは強烈な赤い光に満たされた部屋で、愛らしい青緑のセキセイインコが物質化された。八人の人がその場にいた。次第に青緑のもやが参加者たちの頭上で動き始め、エクトプラズム（訳註・霊媒の体から出る物質化現象の媒体となる物質）の形成物から、一羽のセキセイインコが飛び出た。

インコは部屋を飛び回って、一人の男性の肩に止まった。彼は二年前までそのインコを飼っていたのだが、猫に「殺された」のである。インコは飼い主をはっきりと見分けた。なぜなら、まるで飼い主に訴えるかのように言ったのである。「タバコガホシイナァ」と。これには全員笑わされた。インコの飼い主は明らかにチェーンスモーカーで、しょっちゅうそう言っていたためインコは飼い主のまねをしていたのだ。

動物の中には非常に強い生体磁気を出すものがいて、降霊会で犬や猫を出現させることのできる霊媒がいるのはこの理由からである。わかりやすく言うなら、「動物たちがパワーを出す」のだ。これは降霊会における成功への大きな助けになり得るようだ。

喜びの光に包まれる牛小屋

遠い田舎で牧場を所有する友人がいる。この女性は牛小屋で牝牛たちの乳しぼりをするのだが、疑いなくその建物は霊的なパワーで満ち満ちている。彼女はよく、どこよりもその小屋でインスピレーションを受け取り、すてきなヴィジョンを見るのだと語っていた。それはきっと本当だろう。生活の繁雑さの中で——もっとも、それは我々が産み出したのであるが——「心が喧噪《けんそう》で一杯なとき」、気苦労が四方八方から暗い影を投げかけ、いらだたしげな言葉が飛び交う、そんな環境は繊細《せんさい》な世界との霊的な交流を著しく妨げるからだ。

牛小屋で彼女は愛する牝牛たちに囲まれ（もちろん牝牛たちも彼女を愛している）、そこには安らぎがある。理解へとつながる心の平和が。そのような環境のもとでは、あたかも天と地のふたつの世界がより近くへと引き寄せられるようだ。

そんなとき彼女は、父親と母親がすぐ近くにいることを感じとる。彼らはずっと前に天国へ行ってしまった。だが、彼女に日々の困難が訪れると、彼らの存在が勇気をもたらし、彼らの助言が彼女の行く途《みち》を光で照らし出す。

おそらく大部分の人は、この牛小屋を聖なる場所などとは呼ばないだろう。しかし、日に二度、彼女はそこで天使たちや大天使たちと幸せな霊的な交流のひとときを過ごす。甘い匂いの干し草は、聖所に捧げられたお香だ。その昔ちょうどベツレヘムの粗末な家畜小屋にあった干し草のように。

その場所にいると、彼女にはわかる、物質の状景の背後で「目に見えない力」が働いているのが。忘我の境地に達したとき、そこで彼女は感じとる。自然界の神の偉大なる威厳を。獣と鳥と人間の父である神を。あらゆるものの造物主である神を。この聖なる世界の中で彼女は霊的な喜びにひたる。

スウェーデンで歌われる美しい聖歌は、彼女の作であると言ってもいいくらいだ。万物の神に捧げ、神の恵み深さを忘れないよう忠告をうながす歌である。私が上手に翻訳できたかどうか不安だが。

とても全部は数えられない――
私が受け取った、神の恵みの証しを
きらきらときらめく朝露《あさつゆ》のようなそれを
ちかちかと輝く朝露のように美しいそれを

無数の星のように
それらには数も名もない
なのにそれらは星のように明るく輝く
私のいる暗い谷でさえ

とても全部は数えられない

けれど、感謝を込めて、ひとつだけ忘れさせないでおくれ
神が天降《あめふ》らせたまう愛の奇跡がなにか
それのみならず、神がすべてのものに注がれる愛がなにかを

天国のネボがいる

何年か前に私は、若いころ尼僧になりたかったというある年配の婦人と知り合った。彼女は修練女として修道院に入った。だが三年後に健康を損ない、俗世界に戻ったのである。

彼女は「あらゆる大きさの生き物」を愛し、人間と獣、両方への慈しみについて幅広く深く語ってくれる。実際彼女の人生はだれかが言っていたように、「ひとつひとつの玉が善《よ》き行いの賜物《たまもの》である、生きるロザリオ」になった。

彼女がお気に入りの祈りの言葉を教えてくれたことに、私はいつも感謝している。

「おお、永遠の神よ、さまざまな形で現れる神よ、私はあらゆる命を敬います、それらはみな、あなたの一部なのですから。あなたがお造りになったどんなものをも、私が傷つけることのないようお導きください。なぜならそのものたちはあなたであり、あなたの愛に包まれているのですから」

この友人はよく言っていたものだ。地上界は、人類が自らの朽《く》ちることのない善き資質をつちかっていくための神秘的な学びの場であり、そして、対象が人であろうと獣であろうと、ほとばしり出る愛こそは日々私たちのなす仕事や行為を最も美しくするものであり、受け取るほうと与えるほう両方が祝福で満たされるのだ、と。

私は彼女の家に、日曜日のお茶に行ったことがある。お茶の後、私たちは庭に座り、霊に関する諸々《もろもろ》のことを次々と、時のたつのも忘れて話をしていた。すでに黄昏《たそがれ》どきになっていた。樹木や茂みが暗い影を落としていたが、陽気なキンレンカの花がそこらじゅうで淡く輝き、一方ではタチアオイが護衛の隊列のように門の近くに立っていた。

ときおり人々が話している最中に、突然の沈黙が訪れることがあるものだ。

そんなとき、「天使が通った」と言う人がいる。私たちが口をつぐんで座っていたとき、そんな沈黙が訪れ、会話が途切れた。

そのとき、私たち二人は見た。一頭の愛くるしいゴールデンレトリバーが、シャクナゲの間の小道をこちらに向かって走って来るのを。見事な犬だった。

「ネボですよ」友人は説明した。

「あなたがネボをご覧になることができて、嬉しいですわ。みんなに見えるというわけではありませんけど」

と、ネボはもうこの世の視界から消えていた。しかし私たち二人には、まだネボがそこにいることが確信できた。ほんの瞬間だったが、その姿ははまだはっきり残っている。

「これなんですよ」と友人は言った。「これが動物も人間と同じように、死は永遠の命への門出にほかならないことの証拠じゃないかしら。私のお友達が全員、そのことを理解してくれたらどんなにいいでしょう」

それからこの友人は、大勢の「よみがえった」友人たちが時々その庭で見えるようになったと話してくれた。彼女は心霊主義者《スピリチュアリスト》ではないし、もし人からそう呼ばれても、たぶん不愉快に感じただろう。しかし幼い子供のころから彼女は霊感が強く、事実その庭は降霊の場であった。彼女はきっとその言葉に身震いしただろうが。

彼女は適切な条件をととのえてこの庭を安らぎの場にしたのだ。たしかにそれは物質としての美しさをもつ庭だったが、彼女にしてみればそこは天界のすばらしい働きが示される魂の庭であり、また精神の奥深い現象が現れたのだと私は信じている。

やがて、井戸端会議に集まる人たちが彼女のことを「死んだ」と言う日がついにやってきた。なんと理解に欠けていることか。彼女は生命のなくなった肉体を脱ぎ捨てただけなのに。

すでに彼女は、純粋な喜びの世界で輝くばかりに幸せであった。そこは――地上からそんなに離れていない――ほんの波長ひとつだけ隔てたところだ。彼女は先に行っていた人たちが再建した仲間の輪に加わった。そしてもちろん、ネボは尻尾を振って彼女を大歓迎したことだろう。

天国で恩人と暮らす動物

偉大な賢者であるジェームズ・タイラー・ケント博士（訳註1）はかつてこう書いた。「我々はみな、しきたりに妨げられている。理解できないことをあざ笑うという傾向が、我々の中に生まれつき存在している」

野鳥を愛した一人の友人が――もっとも、野生の動物全部を愛していたけれど――「亡くなった」とき、私はこの文章を思い出した。私は教区の牧師に、おきまりの墓石を立てるかわりに、記念碑として、「あらゆる大きさの生き物――神は彼ら全部をお造りになった」と刻んだ大理石の、小鳥の水飲み場つき墓石を立ててよいかと聞いた。牧師は非常に怒って、「それはすべての誤った考えにつながるものだ」と拒否した。

「私はそんなことを願っているのではありません」と私は言った。「私の願いは、それがすべての正しい考えにつながることです。そして小鳥の水飲み場がある墓石は、この方の思い出をしのぶ場として、彼の意にかなうものだと思うのです」

だが、このたいそう保守的な牧師は考えたのだった。動物には魂はないので、天国に行った〝忠実な信者たち〟は動物たちへの興味など失うだろうし、こんな墓をつくることは地上の無知な人々に、神が動物を人間と同じように大切に思っておられるという考えを抱かせてしまうかもしれない、と。

数年後この牧師は「亡くなった」のであるが、彼がよく読んでいた「あなたがたの天なる父のお許しがなければ、一羽のスズメも地に落ちることはない」（訳註・「マタイによる福音書」第一〇章二九節より）という聖書の一節は単なる言いまわしではないことを天国で発見してどんなに驚いただろうと、しばしば私は思ったものだ。

スズメどころか犬やロバ、そして実際、（伝説が本当ならば）あのかわいそうなアダムが苦労して名前をつけていったすべての動物が、そこに死後も生きているのを発見して、彼はどんなにショックを受けただろう。

スズメについて、もうひとつ死後生存の話が思い出される。私は、ランカスターゲイトで一緒に暮らしていた二人の婦人参政権論者と、長年たいへん親しくしていた。二人とも動物が大好きだった。

ある日彼女らは、つばさが折れたスズメを見つけた。手厚く介護をし、何本かのマッチ棒でつばさを固定し、スズメが健康を取り戻すまで世話した。スズメは手からエサを食べ、たいそう馴《な》れて、やがて仲間のもとに飛び立つよう言い聞かせても彼らのところを去ることを拒んだのであった。

婦人たち二人はスズメにスパジーと名づけた。スパジーはジョージ王朝時代ふうの居間を自分の大きな鳥カゴとしてくつろぎ、幸せそうだった。夜は暖炉の上にある彫刻つきの棚を寝所にして、朝までぐっすり眠った。窓は日中あけてあったが、決して外に飛んで行こうとはしなかった。

ときたまスパジーは窓の外に突き出た棚にピョンピョン跳《と》んで行き、こっちのほう、あっちのほうとあたりを見回した。騒音とせわしい混乱に満ちた外界の風潮など、自尊心の高い自分にはとても向かないと考えていたに相違ない。

スパジーはこの家の居間でのほうがずっとくつろぐことができた。時々は、とくに鏡に映った自分を見つけて、たいへんうるさくさえずるが、大体はまるで独り言をいうかのようにきわめてやさしくチッチッと鳴くのである。彼女らはそんなスパジーを見るのが大好きだった。

ときには、彼女らの肩に乗って、あたかも大事な秘密を二人に打ち明けているかのように声をごくひそめて話しかける。友人たちは、「ほんとう?」とか、「まあそうなの」と答える。するとスパジーはすっかりその気になって何度も賢そうにうなずいたり頭を傾《かし》げたりして、一所懸命に二人に話をした。それは本当に楽しい時間だった。そして私は、スパジーもまた彼女らと同じくらい楽しんでいたと思う。

三年後、原因は結局わからなかったが、スパジーはこの世での羽毛におおわれた肉体と地上の献身的な友たちのもとを飛び去った。すべてのスズメたちが移り住む、目に見えない世界である霊界へと。ああ私たちはみんな、スパジーがいなくなってどんなに寂しかったことだろう。

スパジーは霊視でしばしば目撃されている。そして、スパジーを健康になるまで世話したやさしい婦人たちも魂の世界へ行ったので、彼女らは再びスパジーと一緒になった。私自身も彼女たちの姿を見ているし、ほかの何人かの霊媒もその姿を見ている。

（訳註1）ジェームズ・タイラー・ケント（一八四九―一九一六）――アメリカの有名なホメオパシー（同種療法）医。

3

ペットたちは愛を忘れない

夫と隣家の犬

しばらく前、霊とのコンタクトのために一人の女性がやって来た。まずご主人の霊が現れ、個人的なことを述べ、それから言った。

「お隣りの老犬はいま私のもとにいる、と妻にお伝えください。妻はきっと喜ぶでしょう」私はこのメッセージを彼女に伝えた。すると彼女は、こんな話をしてくれた。

「夫は二年以上も重い病気にかかっていて、ひどい痛みもありました。天気のいいときは芝生のデッキチェアーに腰掛けていました。夫は外の空気が大好きだったんです。私たちには犬はいませんでしたが、お隣りの方々は泥棒よけの番犬として犬を買い、飼っていました。彼らはたしかにエサは与えていましたが、愛情はなかったんです。その犬は単なる〝物〟あつかいでした。

夫はその犬のことを非常にかわいそうに思っていたのですが、疑いなくその犬も、夫の同情を感じとることができたのです。やがて、生《い》け垣《がき》の境い目に穴が見え始めました。穴はだんだん大きくなって、ついに犬が通り抜けられるまでになりました。

その犬は夫のすばらしい友達になりました。犬は毎日のようにやって来て、夫に言葉で言い表せないほどの喜びを与えてくれました。けれど、飼い主である隣人は、自分の犬が自分の庭でよりも私たちの庭でのほうが幸せであることに嫉妬して、ある日カッとなって犬を銃殺したのです。これ以上のむごい仕打ちがあるでしょうか。夫はいたいけな子供のように泣きました。

霊媒の方にお会いするのは今回初めてなのですが、夫があの犬と一緒になれたなんて、こんな嬉しいことはありませんわ。私、そのことがはっきりして本当に幸せです。彼らはきっと今も一緒で幸せに暮らしているんだって信じておりましたから」

老兵が見たヴィジョン

ほとんど理解されていない人間のこういった心霊的な能力は、ときおりそうした体験を一度もしたことのない人や、だれかが自分の霊的な体験を話して聞かせたとしても信じないような人に出現するものだ。

私たちの村に、ずいぶん昔ハルツームのキッチナー元帥（訳註・第一次大戦当初のイギリスの陸相。スーダンを征服した）のもとで戦った老人が住んでいた。彼には多くの武勇談があり、村の少年たちは老人の家の台所に座り込んで話を聞くのが大好きだった。「もっと話してよ」と少年たちは言い、何年も同じ話を繰り返し聞いたに違いないと思うが、少年たちはそれでも構《かま》わなかった。老人を囲んで皆が夜のひとときを過ごせたし、彼は驚くばかりの語《かた》り部《べ》の才能に恵まれていたのである。

彼は一頭の犬を飼っていた。犬の名前は知らない。老人はいつもその犬に「老いぼれ婆さん」とか「ハロルド、老いぼれ婆さんが中に入りたがっておる。入れてやってくれんか」というふうに言っていた。

私は何年かの間ロンドンで暮らしていたが、故郷の空気を吸いたくなって、休日にふるさとの村に帰った。そしてもちろん、この元兵隊さんに会いに行った。

「おまえさんは心霊主義《スピリチュアリズム》の研究に入れ込んどるそうだな」と彼は言った。

「はい」と私は答えた。「非常におもしろいテーマなんです」

「そこでだが——ひとつ話があるんだ」と老人は言った。「この土地ではとてもだれにも言えんことでな。もしわしがこんなこと言ったりしたら、いつ精神病院に入ってもよくなったと思われるしな」

それから彼は次のように話した。

「ある日わしは午前中ずっと、畑でじゃがいもを植えていた。夕飯どきに、シチューを温めるため鍋を火にかけようと小屋に帰ってきた。腰が痛かったから、夕飯が温まるまで長椅子に横になった。

その瞬間、まるで台所の壁が消えてなくなったように見えた。そして、そこには青々とした見事な芝生の見える大きな窓が開いていた。芝生にはきれいなレース編みのテーブルクロスのかかった丸テーブルがあった。まわりには椅子がいくつもあった。そこの椅子にはわしの父親、母親、伯母が座っていて、わしの〝老いぼれ婆さん〟(おまえさんも覚えてるだろ。わしがここに引っ越してきたとき、弟のトムにあの犬をもらったのだ。もう死んでから二年かそれ以上になる）は、母の足もとで横になっていた。そのとき、わしには母が父にこう言うのが聞こえた――『トムはここに来るのに苦労しなければいいんだけど』ってな。そのころ弟はアイルランドに住んでた。

と、母が言い終わらないうちに、トムがいつもの歩き方でやって来て、みんなにキスしてまわったよ。〝老いぼれ婆さん〟は、まるであいつを大喜びで歓迎してるみたいにトムのまわりを跳びはねた。そもそもわしは、トムがダブリンに行くことを決めたとき、あいつから〝老いぼれ婆さん〟をもらったんだよ。もちろんわしはこのできごとの一部始終にえらく驚いたさ。だが、あっと言う間に台所の壁がもとに戻ってな、芝生もわしの一家もみな消えちまった。

トムが夕食をとってたとき、脳卒中で意識が戻らんまま亡くなってたと聞いたのはその二日後だ。つまり芝生にいた者は全員――〝老いぼれ婆さん〟を含めて、みんなこの世の者じゃなかったのさ。だから、わしはおまえさんの勉強してる心霊主義ってやつに何かがあるに違いないと思っとるんだ。だが頼むから、わしが住んでるこの村では秘密を守るんだぜ。連中にこんな話ができるわけないことは知ってるだろ」

この老人は、今はもうあちらの世界にいる。彼はトムと同じようにごく自然に、あの芝生にいた彼の家族に加わった。そして「老いぼれ婆さん」は彼をきっと大歓迎したことだろう。なぜなら彼は彼なりの無骨なやりかたで、あの犬を非常に愛していたから。

葬式には村の若者たちが、自分たちの小屋の庭から甘いかおりのニガヨモギとスイカズラの質素な花束を持ってきた。しかし老人はそこにはいなかった。なぜなら棺《ひつぎ》に入っていたのは彼が使い終えた物体でしかなかったのだから。福音書にある、甘い芳香を放つ香料をイエスの墓に持って来た女性のことが思い出される。だが、女性が香料を捧げたその方は、魂となって露におおわれた園《その》を歩いておられたのである。

ネルはそこにいる

私はある休日を、金色のとうもろこし畑に面した田舎家《いなかや》で過ごした。畑にはたくさんの深紅《しんく》の野ゲシが咲いていた。田舎家は道路際《ぎわ》ギリギリのところにあった。歩道さえない。あるのは車道だけ。そしていきなり玄関の階段だ。しかし、十分な埋め合わせといえるものが後ろ側にあった。奥行きのある庭と、一番奥の小さなリンゴ園である。

果樹園には、「私たちのネル」と簡潔な字で彫られた大きな石板があった。

何年か前、その田舎家の住人たちは、首輪をはめていない迷い犬を見つけた。飼い主を探したが見つからなかったので、ネルは彼らの犬になった。

「ネルには悪癖のひとつもありませんでした」家の主人は何度もそう言った。日曜日の散歩はネルの大きな楽しみだった。ネルとご主人様は一緒に、野原や森や静かな田舎道をいくつも通って歩き回った。

「ネルは自分の犬小屋の場所と同じくらい、いつが日曜日かをちゃんと知っていました」と彼は言った。平日は散歩の時間があまりとれなかったが、日曜日は雨でも晴れていても、ネルのための日であった。ネルはウサギの巣穴とネズミがいた溝をみな知っていた。時々、ネルは遠くで吠える犬の声を聞くと耳をぴくんと立てた。しかし、けんかや争いなどといったことは知りもしなかった。

ネルはめったに本道を歩き回るようなことはなかったが、ある日、地上での最後の日、サマセット通りでスピードを出した一台の車が近づいてきたとき、ネルは道に走り出た。即死だった。

ネルは今、ご主人様とまた一緒に散歩に行く日はいつだろうかと犬なりに思いつつ、天国の野原や小道にいて幸福である。果樹園に埋葬されているのは肉体にすぎない。しかしあの田舎家で主人たちがネルのことを話すとき、ネルは耳をぴくんと立てて、あの世との境界線を越え、彼らのそばに座る。いつものように行儀よく。だが、もちろん彼らには見えない。

私がネルを初めて〝見た〟のは、彼らが私にネルのことを話していたときである。なんとまあかわいらしい生き物だろう。私はネルがそこにいることを彼らに言った。けれども、おわかりだろうが、彼らは私の言ったことを完全に信じたとは思えない。しかし、自分たちがいつかネルの行ったところに行ったとき、生命は死なないということを彼らは知るだろう。

ひとつひとつの命は、神の無限の王国の一部分である。バーミンガムのアデリー神父は、人間のことを「黄金を追いかける貪欲《どんよく》なる者」と言った。もしも、こんな貪欲な「一部分」さえ死を越えて生きるのだったら、ネルが生きていないはずがないではないか。そして、ネルがそうなら、あなたが失ったいとしい生き物だって生きていないはずがないではないか。

ナンシーはポニーに再会した

ナンシー・カナードは子供のころ、小型のきれいなシェットランドポニーを飼っていた。彼女はそのポニーが大好きで、まるで私やあなたがたに話しかけるようにポニーに話しかけた。あなたがたもその様子を見れば、このポニーにはすべての言葉がわかっていると思われたことだろう。

ナンシーの両親は自分たちの関心事に忙しすぎて、ナンシーをあまり構《かま》ってやらなかった。そしてナンシーは厳格な管理下で、どこかサディスト的な（ナンシーにはそう思えた）家庭教師にまかされた。逃げ出すことができたときはいつも馬場に向かい、ポニーがいる馬小屋に行った。

ナンシーはポニーに悩み事をみんな告白し、楽しいことがあるときは――楽しいことも時々はあった――喜びもまたポニーに打ち明けた。聖書にある。「喜ぶ者と共に喜び、泣く者と共に泣け」と。ポニーは実際にそうしてくれているようだった。とにかくナンシーはそんなふうに思った。

ポニーがついに死んだとき、ナンシーの悲しみはじつに深かった。彼女は友達を失ったと心底感じた。

思うに、私たち全員にとって、この地上での人生は、簡単には解けない謎に満ちた不思議な世界であるらしい。光を見い出す前に私たちはしばしば長いあいだ、闇の中を手探りしなければならない。私たちが選んだ道は、必ずしも私たちが思うところに続いているわけではない。しかし、それを通じてあらゆる人格が形成されるのだ。

そして私たちが人生の旅の終わりに近づいたとき、私たちが選んできたジグザグに曲がった道を振り返ってみると、それらすべてのパターンの中にある何かがはじめて見えてくる。そしてこの最期の時である「精神が安らぎを見い出す場」で私たちは、混乱に満ちた現世の門を越えた向こう側は、「すべてを知ることはすべてを許すこと」の世界であることを確信するにいたるのだ。

ナンシーは冒険に満ちた多くの歳月をりっぱに生き、そして他界した。数日のうちにナンシーの魂は私の降霊室を訪れてこう語った。美しいあの世に赴《おもむ》いて真っ先に目に入ったのはバートだった。彼は、昔ナンシーの馬小屋で働いていた少年で、彼女のところに、あのいとしいシェットランドポニーを連れて再会の挨拶に来てくれたのである。

〝神の愛〟の広大さは、とても人間の心で推《お》し量《はか》れるようなものではないことを、ナンシーはそのときはじめて知った。神は人間の来世を、そしてすべてのものを巧みに造られたのだ。私たちが自分たちの文明を見ると、そのことが本当かどうか、時に不思議に思えるかもしれない。次のことに気づくまでは――つまり、これら我々の文明を築いたのは神ではなく、まぎれもなく我々なのだ、だということに。しかも、神の意思におおいに反して。

ジプシー青年とカラス

ロンドンの「よき羊飼いの教会《チャーチ・オブ・グッド・シェパード》」（なんとすてきな名前だろう）。そこでは毎月、病気の動物へのヒーリング奉仕があった。私はしばしばそれに参加し、いくつかのすばらしい成果を見た。あらゆる種類の動物や鳥が連れて来られた。

ある日曜日、ジプシーの若者が飼い馴《な》らされたカラスを連れて来た。私はジプシーたちの生き方に興味があった。じつに人々から誤解された生き方であるし、またカラスという鳥には魅了されていたので、ヒーリングの後、青年に話しかけた。

彼は二年前から、このジャッコという名のカラスを飼っていた。ジャッコは彼の視界からいなくなることはめったになかったが、ある日姿を消した。青年は長いこと探しまわったが徒労に終わった。しかし、ある日、ジャッコは折れた足をひきずって帰って来た。どこかに仕掛けられたわなに足をはさまれたのだろう。

ジプシーの青年はカラスの足を、コンフリーの根の膏薬《こうやく》を塗ったばんそうこうでしっかり固定したが、「よき羊飼いの教会」でのヒーリングのことを聞き、神頼みの他にやれる最善の方法に違いないという希望を抱いて、はるばるメイデンヘッドから来たのだった。「あんたたちは知らねえだろうけどな」と青年は仲間に言った。「おれ、頭にきたときには何度も『グッド・ゴッド（善《よ》き神さま）』

って言ってきたぜ（訳註・驚いたときや怒ったときに言う、「なんてことだ」というほどの意味）。でも、もしかしたら知らないうちに本当のことを言ってたのかもしれないな。とにかく一度は何でも試してみるさ」

そして、その鳥の足が治ったことを報告しておこう。

おたがいに連絡をとっていた数年間、彼は時々ジャッコを連れて会いに来てくれた。このカラスは明るく光る物は何でも好み、そうしたものを与えるとすぐ本とか小皿の下に隠し、外だったら木の葉や石の下に隠した。

六ペンス銅貨は彼の大きな喜びだった。なぜならこの銅貨は彼にとって扱いやすく、くちばしにくわえたまま走り回れたからだ。そんな時のジャッコの態度はとてもおかしかった。安全な隠し場所を見つけると、彼の宝物を見えないところに巧妙に滑《すべ》り込ませ、それから「さあ、触る勇気があるかい」とでも言うように挑戦的にこちらを振り返る。もしだれかが隠された銅貨を取り戻そうというふりをしようものなら、つばさを広げ、くちばしを大きくあけて、猛烈に怒っているようにふるまい、ありとあらゆる罵《ののし》りの鳥言葉を発するのである。

しかし、それはひとつのゲームでお芝居にすぎない。ジャッコは自分の宝物を、必要であれば一時間も見張る。それはぼくがもらったんだ――だれにも分けてあげるつもりなんかないからね！

三、四年かそれ以上たち、ジプシーの青年も一人前の男になった。ある日彼が電話をかけてきたとき、私は言った。

「ジャッコはどうしているかね？」

「ああ、かわいそうなジャッコ、あいつは銃で撃たれたんです」彼は答えた。

「ジャッコは飼い馴らされた鳥だってことを知らないどこかの百姓が、自分ちのとうもろこしを食べにきたと思って、追い払って、殺してしまったんです」運命だからしかたないという感じで、悲しそうに彼は言った。

「わかるかね」と私は言った。「ジャッコは〝死んだ〟んじゃない。彼は、農夫たちが銃など持ち歩いていない世界で申し分ない暮らしをして生きているよ。きみもいつか、そのことがわかるだろう」

私たちはお茶を飲み、語り合った。お茶の時間――この早かろうと遅かろうとどんな時間でも楽しめる、親しい交わりのひととき。

彼は、どうして私がジャッコは今も生きていると思うのかと聞いた。そこで私は、本書で話してきたことのいくつかを彼にも言って聞かせた。たぶん彼は完全に納得したわけではなかったろう――この事について絶対の確信を持つためには、自分自身の体験がどうしても必要であると私は思っている。

「きみは〝よき羊飼いの教会〟で神のパワーを体験しただろう」と私は述べた。「それは、目に見える宇宙と見えない宇宙の両方を動かしている力と同じものなのだよ。生命の力は生きているすべてのものの中にあって、それは、私が〝外からの力〟と呼ぶほかないものに従う。

ジャッコは、羽におおわれた肉体でこの世に現れたひとつの生命に、きみが与えた名前だったのだ。ジャッコの羽の肉体は当然崩壊するほかなかった。人の肉体もいずれはちょうどそうなるように、腐敗して塵芥《じんかい》になるんだ。だが、生命はそこから自由になる。

ジャッコは死ぬことがない。なぜならば生命は永遠だからだ。きみがジャッコと呼んだ命は決して破壊されない。脱ぎ捨てた〝ぬけがら〟だけだよ、崩壊するのは。きみの体もいつか火葬か、あるいは埋葬されるだろうが、きみの生命は決して崩壊しない。この世よりずっとすばらしい世界で、それまで通りに生き続けるだろう。ジャッコがきみの到着に気づいて、大喜びで出迎えるのを見たら、きみは驚くことだろうね」

私たちは話し合った。いや、おそらく、私が話した、というべきだろう。彼はよい聴き手だった。彼は混乱しながらも私をおおいに信頼し、できるかぎり受け止めてくれた。

のちに話そう、彼がいかにして、命が永遠に続くものであり、また地上で過ごす期間がかりそめの短いものであることを、ついに疑いなく知ることになったかを。——もっとも、そのことは神の天国の庭の門を通ってやっと彼にわかったのだった。彼がそこで、いかに暮らしていたかをお聞かせしよう。

しかしその前に、別の動物、一匹の小さな猫にまつわる別のできごとを語りたい。この話の始まりはいろんなところでしてきたのに、結末は話したことがなかった。

写真に現れた他界の猫

私の妹はトミーという猫を飼っていた。灰色がかった黒い猫だった。妹はほかの猫のどれより(全部で四匹いた)その猫をかわいがっていたと思う。ある日、その猫がいなくなった。夜も帰ってこない。ほとんど一週間も音沙汰《おとさた》なく過ぎて、妹は気も狂わんばかりになった。地元の新聞社に電話し、詳細を記した広告を掲載してもらった。大きさ、色、名前、特徴ある幅広の顔のことなどを伝えた。

遠くから何通も手紙が届いた。どの発見者も、妹の迷い猫を発見したかのように書いてきた。妹は急いであっちこっちに出向いたが、最後の捜索場所は、フライド・フィッシュの店だった。数日前に一匹の迷子の猫が店に入ってきて、魚の匂いのするこの店に居着いてしまったという。仕事に厳しい商売人である店の主人は、この猫が店内で売りものを食いつくしてしまうのを懸念したのだった。

「いいえ、これは私の子猫じゃありませんわ」と妹は言った。

「だったら、それは水に沈めないとならないな」男が言った。おそらく、妹がどんな反応を示すかうかがいながら。

「まあ、沈めるなんて。どうしてそんなことができるんですか」妹は言った。

「こんなかわいらしい小さな生き物を、水に沈めて殺すなんて犯罪ですよ」

二人は少しの間言い争ったが、妹は言った。

「わかりました、私の子猫は死んでしまったに違いありません。この子猫を代わりに飼うことにします」

妹はその子猫を買い取り、家に連れ帰って上手に世話したので、かわいい猫に育った。

ある日、そのブラッキー（クロちゃん）という猫がほかの猫たちと庭の椅子の上で遊んでいた。「ああ、この猫たちの愛らしいこと」彼女はそう言い、走ってカメラを持ってきて写真を撮った。

フィルムを現像すると、あのいなくなったトミーの頭がブラッキーとつながって写っていたので、ブラッキーは顔がふたつあるように見えた。明らかに、素人が撮った、見事なまでの心霊写真だった。トミーの幅広い顔は、ふつうの形の顔をした真っ黒のブラッキーとは見まちがえようがない。

子猫が持ってきた幸福

もうひとつ、猫のエピソード。

ずいぶん昔、つまり私が心霊主義研究に興味を抱いてまもないころ、日曜の夜ごとにゴルダーズ・グリーンにある一軒の家を訪れていた。そこで私たち四、五人はいつも小さな丸テーブルを囲んだ。いわゆる、テーブルを囲んでの降霊会である。

家のオーナーの息子であるウィリー・ボールドウィンは霊の世界に通じていて、主に霊とのコミュニケーションを受けもっていた。彼はたいへん素早く、非常に明確に、霊からくるトントンという叩《たた》く音の暗号を解釈し、メッセージを皆に伝えることができた。

ある夜、会合も終わりに近づいたころ、暗号の音が、「死に瀕《ひん》しているものを救うようハロルドに言ってくれ。その小さきものでさえ、運命において重要な役目をはたす役割を持っている」と綴った。私たちはこの意味が何なのかわからなかったので霊に質問したのだが、パワーが弱くなっていたせいで答えは返ってこなかった。

降霊会が終わったとき、家の女主人がいつものようにお茶とケーキを持ってきたので、晩のおつきあいをして過ごした。私たちが家へ帰ろうとドアをあけると、外は吹雪で、道では雪が渦を巻いていた。と、ドアの前の階段に、途方にくれ、見るからに哀れな、一匹の小さな猫がいた。その猫は二マイル離れた私の自宅近くの庭園の出入り口に座っていた猫で、私がしょっちゅう話しかけていた猫であることがすぐにわかった。「さて、謎が解けたぞ」私は言った。「救われるべき、死に瀕している生き物がここにいる」

私は猫をできるだけ優しくオーバーコートの中にかかえて出発した。めざす家の玄関に着いて呼び鈴《りん》を鳴らすと、一人の男性がようやく寝床から起き、部屋着姿で出て来た。

「これはおたくの猫と思いますが」と私は言った。「ゴルダーズ・グリーンで見つけました」

男性は私がどうやってそれがわかったのか、そしてどこで見つけたのか、非常に不思議がった。私は先の降霊会とメッセージの話をした。男性は私を招き入れ、電気ヒーターをつけ、私たちは朝まで話し込んだのだった。

彼の話は悲しいものだった。短期間のうちに、妻、母親、そして今度は息子までも亡くし、彼はひとりぼっちになり打ちのめされてしまった。そして次には、猫までがこの何日かいなくなっていた。

私が降霊会のことを話すと、彼は言った。

「心霊主義については何も知りませんが、私には立ち直りのチャンスを与えてくれる何かが必要なんです。どこかの降霊会に、私も行くことができないものでしょうか」

もうすぐヘレン・ダンカンが、ゴルダーズ・グリーンで降霊会を開くことになっていた。

私は、この家族を亡くした男性を連れて行った。行きは、まさに悲しみそのものだったのだが、その夜の会の終わり頃、彼は言った。

「もし構わなかったら、家まで帰り道をご一緒しませんか。まるで宙を歩いているみたいなんです。すばらしいなんてものじゃない。すばらしすぎて言葉では言い表せない」

その晩、彼の息子は物質化して彼にキスした上、「別の日に物質化して現れることを約束します」という妻と母親からのメッセージを持ってきてくれたのだった。短い一晩の体験を通して彼は日記にこう書くことができた、「悲しみから喜びへ」。実際にあの小さな猫が、彼の運命において重要な役割を果たしたのだ。

そのうち、この男性は自分にも霊的な能力があるとわかり、経験豊かな霊媒の世話と指導のもとで、彼自身の「受信装置」を開発することができるようになり、毎週一度、愛する者たちとの聖なる結びつきの時間をもてるようになった。このことは彼の人生をどんなに変えたことだろう。

このテーマに関して無知な人々からはたびたび、霊の世界とコミュニケートするのは正しいことではないと言われてきた。しかし、神が生命のあらゆる摂《せつ》理《り》の創造主であることは確かであり、ふたつの世界がコンタクトをとりうるという摂理があるとすれば、その摂理を造られたのも神である。そして神は偉大なる英知であるから、その摂理は使われる目的のみに神が造られた。神は、「わたしは摂理を造った。しかし、頼むから使わないでくれ」と言うような「偉大なる英知」であるはずがない。

これこそ、悲しんでいる者がこれ以上悲しまなくてすむための摂理である。なぜなら悲しんでいる者は慰めを見い出し、愛は「死」によって破壊されないことを知るからである。

動物たちをヒーリング

何年かの間、私はロンドンのベルグレーヴ・スクエアにある英国スピリチュアリスト協会でヒーリング・クリニックを担当していた。当然ながら、大方の患者は人間だったが、ときには病気の動物も来た。動物もちょうど人間と同様にヒーリングパワーに反応した。

てんかんの発作を起こしていたある犬のことを、私は特に覚えている。

「この犬に触らないでください」と、犬の飼い主は言った。「ひどい人見知りなんですよ」

さてあなたにはおわかりだろうが、その犬の飼い主は私たちの知る例のオレンジ色のオーラについて知らなかった。

犬があなたから発するオーラを感じとるまでは、決して犬をつかんだり、犬に向かって急な動きをしてはならない。次に、怖がらずに手のひらを上向きにさし出す。おそらくあなたには犬が指を嗅《か》いでいるようにみえるだろう。だが、そうではない。犬の鼻は繊細《せんさい》な機械である。あなたをチェックしているのだ。犬があなたを〝評価〟して、あなたの意図がよいものだとわかればすぐに、「ＯＫ」してくれる。その後は、癒しの光が残りをやってくれる。

この犬は数週間通ったが、発作がやんだだけでなく、私に噛みつくのではないかと飼い主を恐れさせていた神経質な症状も克服した。

ある農場主の牝牛《めうし》のところに呼ばれたことが思い出される。牝牛は乳房に悪性の潰瘍《かいよう》を患っており、たいそう苦しんでいた。今度もまた農場主は私に、触ると怒るかもしれないから注意するようにと警告した。しかし、例のオーラは光あるいはエネルギーのビームのようなかたちで相手に届く。ふつうのヒーリングは手を触れてなされるが、ひどい炎症があると少しの圧力でさえ大きな痛みを引き起こすものだ。そのような場合、私は手を一インチほど傷口から離して治療を行い、炎症が引くのを見守る。

私はこの牝牛にもそのようにした。なだめるような口調で話しかけ、彼女の恐れを和らげてやった。牝牛は小屋につないであったが、私のほうを振り向き、私の頭のてっぺんからつま先までじろじろ眺めた。私は農場主が乳しぼりに使う椅子に腰掛けて、両手の指の先が潰瘍の真上にくるよう両手をかざした。牝牛は見事におとなしく立っていた。私はその格好で二十分座っていた。

ヒーリングを始めたとき、潰瘍とその周辺はみにくい青色だったが、今や淡い赤色に変わっていた。私たちは一休みして農場のまわりを散歩し、二時間後に同じ療法を施した。私は翌日エジンバラに発つことになっていたので、それ以上の治療はできなかったのだが、農場主は「オールド・ベスは絶好調です」と報告してきた。

あなたのペットに痛みがあるとき、またヒーラーや獣医が見つからないときのために、癒しの光について以上述べてきたが、やりかたはおわかりだろう。

信じて手をさしのべれば、天のパワーがあなた自身の力とひとつになり、祝福と癒しをもたらしてくれるだろう。

昔々のこと、ある大工の息子がいた。その息子は偉大なヒーラーだった。彼の友人たちの中には彼がもたらした奇跡のような治癒に驚く者もいたが、彼は友人たちの驚きに対し、「私にできることは、あなたにもできる」と答えた。

そして、それはどの時代においても正しいのだと私は信じている。実際にこのヒーリングの能力は時と場所をこえて受け継がれているのだが、自分自身のパワーが信じられないとき、人々はそれを試みることを恐れる。人類は私たちが知る以上にずっと偉大なパワーを授けられているのに。

4

アストラル・トラベル
（霊界への旅）

コナン・ドイルの体験

私は偉大な霊界についてかなりの話をしてきた。では、私がそれを見たことがあるかって？

部分的には「ある」と答えよう。大方の人は、疲れたらベッドに入り、眠る。肉体と脳が休んでいる間、スピリットが肉体の限界を越えてさまようということはしばしば起きる。なぜなら我々のスピリットはじつに冒険好きで、すばらしいパワーを持っているからだ。肉体とは細いひもでつながっているが、意のままにはるか地上を超え、天空へと赴《おもむ》きさまようことができる。

スピリットが旅することはアストラル・トラベルと呼ばれ、目が覚めたとき何も覚えていないかもしれないが、だれもが時々体験するものだと私は信じている。これはもっともなことであり、なぜなら私たちの行動を記憶する脳は眠っていて、スピリチュアルな飛行のファンタスティックな体験はふつう記憶に残らないからだ。ときにはじつにはっきりと記憶されるのだが。

私は、あのアーサー・コナン・ドイル卿《きょう》（訳註・英国の有名な探偵小説家・医師〈一八五九―一九三〇〉）がアストラル・トラベルの一例を語ったのを覚えている。彼はそのとき自宅にはいなかった。しかし、まったく面識のない男がアーサー・コナン・ドイル卿に言った。深い眠りの間にあなたの家に行って戻ってきたところです、家ではレディー・ドイルが腰掛けて本を読んでおられました、と。

男はドイル卿に本のタイトルを伝え、本の表紙とレディー・ドイルが座っていた正確な位置を描写した。アーサー・コナン・ドイル卿は家に戻って妻に、その時間に何をしていたかたずねた。そして、この面識のない人が描写した通りであることが証明された。

同じころ、別のある友人が、ヨークシャーのミルフィールドにある宗教団体を訪ねる招待を受けたと私に話した。彼は一度もヨークシャーに行ったことがなかったが、そこへ旅行する予定の日の前夜、訪問することになっている家のはっきりした映像とその団体の長老の姿を見て、突然目が覚めた。翌日到着すると、家も長老の姿も彼のアストラル体での訪問中に記憶している通りだった。

霊界で再会した友人たち

●ジプシーの青年とジャッコ

私はロンドンのハムステッドに住んでいたとき毎週一晩、友人たちとのサークルのために時間をとっていた。私と一緒に座り、一緒にアストラル・トラベルを行って、聖パウロが呼ぶところの「肉体から離れて」いる間に見たものの鮮明な記憶を持ち帰る練習のためである。私たち十二人は、相当の忍耐を要した。一年はほとんど成果がなかったが、完全な静思《せいし》の状態でいる方法を学ぶうちにどんどん鮮明な記憶が可能になっていった。

はじめ、私たちの「旅」はほとんどいつも地上界の情景だったが、進歩していくうちに霊界への旅ができるようになった。なるほど賛美歌の作詞者が「真昼より明るい国がある」と書き記しているわけだ。

長年のあいだサークルの同じ十二人がこのような誠実さと熱意をもって座り続けた。病気だけが欠席の理由だった。

「体外離脱」で私たちは、さまざまな天界へ旅した。霊のガイドたちがいつも私たちと共にいて、提案や説明をしてくれた。大体において私たちはみな一緒に行き、一緒に帰って来た——それは一時間くらいのあいだだったが、私には至福の時としか言いようがなかった。

私たち心霊主義者《スピリチュアリスト》が死を恐れない理由はここにある。私たちが天国の市民たちのことを「死んだのではない」と言う理由がここにある。私たちが動物を愛する人たちに「あなたを待っているペットたちと会えますよ」と言うことができる理由がここにある。私たちの知識は書物からかき集めたものではなく、この目で見たことなのだ。

戦争による徴兵《ちょうへい》がこのサークルを散り散りにしてしまい、参加者の中にはすでに、あの美しい他界の住民になった者もいる。しかし、まだ残っている私たち数人は肉体が眠っている間、旅を継続し、そして幸福な記憶を持ち帰る。

霊の世界はどんなふうかって？　あなたは私が、〝あらゆる〟生命が死後も生きると言ったことを覚えておられるだろう。石さえも、ちょうどあなたがそうであるように、生命の本質をそこに含んでいることをご存じではなかっただろうか。

私たちは旅をして、見てきたのだ。壮麗《そうれい》な山々や森、なだらかな丘や谷、小波の踊る川や静かなる流れ、緑の野原、色鮮やかな庭園を。地上で旅人が見るのと同じように。ただ、私たちが見た情景はそれよりはるかに美しかった、ということだ。あのような色合いを――そしてあのような雄大さを――私は地上界では見たことがない。ほかのどのようなところにおいても、私はあのような平和と喜びを感じたことはない。

あるとき指導霊のブラザー・ピーターが言った。

「こちらにいらっしゃい。あなたの古いお友達に会っていただきたいのです」

彼は私を唐松《からまつ》の林のほうへ案内した。小道には厚い苔《こけ》がはえており、森の中の開けた空き地に非常に色とりどりのトレーラーハウスがあった。そしてトレーラーの階段には、あのジプシーの青年がカラスのジャッコと、以前に見たことのない二匹の犬と一緒に座っていた。

ジプシーの友人は新しい生活について語ってくれた。すばらしい法則が統治するその生活がどのようなものであるか、彼がどのように日々理解していったかについて、なんと多くのことを彼は私に語りたがったことか。

彼の指導霊は、地上では中世に生きていたスペインのジプシーであった。青年は地上にいる間、困難や悲しみに出会ったときにもその指導霊が励ましたり助けたりして一歩一歩彼と歩みを共にしてくれているなどということには、考えが及びもしなかったという。

カラスのジャッコは明らかに私を覚えてくれていた。なぜならばジャッコは私の肩に飛んできて、まるで「ヤア、オマエサン、アエテヨカッタ」と言っているようにおしゃべりをしだしたからだ。

私たちが話をしている間、十二歳ぐらいの男の子がペットのウサギを両腕に抱いてやってきた。彼は私に、自分の名前はジム、ウサギはビリーっていうんですと言った。地上でも、この男の子とジプシーの青年は仲のいい友達だった。そして、このより大きな新生活のもとでもごく自然なことなのだが、おたがいを見つけ出したのだ。

●アッシャー夫妻と動物たち

私が彼らとおしゃべりしていると、ピアノとヴァイオリンの音がしてきた。私はブラザー・ピーターのほうを向いて言った。
「天国にピアノだなんて、まさか」と。彼はほほえみながら、
「ハープしかないなどとまだ思っているのですか」と言った。もっと近くまで行ってだれが奏《かな》でているのか見てみようと彼は言った。

私たちの歩く小道は生《お》い茂った森の中を通って、美しいブナの木々の間を抜けていた。そして私たちは、一軒のコテージがある空き地に出た。ドアは大きく開いており、外の芝生には動物たちのためのすばらしい園があった。

ドアを通して音楽がどこから来ていたかわかった。あのミセス・アッシャーとご主人のダンだった。私は二人に会えてどんなに嬉しかったことだろう。かたわらにはピアノとヴァイオリンが並べて置かれていた。ブラザー・ピーターに数人の指導霊たちが加わった、そこでのおしゃべりの楽しかったこと！

この夫妻は、昔自分たちの村で宿無しになったり見捨てられた動物たちを救

った、心やさしい、よい人たちだった。

彼らは前より若く、いっそう生き生きとして見えた（動物たちがいなくてはアッシャー家は一家がそろったとは言えなかった）。そして動物たちを取り囲む庭の塀もなく、彼らはまったく自由に遊んでいた。私は何回もの天界への訪問をしているがそのたび、このことにはますます大きな感銘を受けている。境界線がない。柵もない。「通り抜けお断り」の断り書きもない。どこを歩き回ろうと自由なのだ。

住民は〝私たちの世界〟と言い、〝私の所有物〟と言わない。彼らの家や住居はもちろん彼らのものであった。なぜなら、彼らの行いが自分たちの住居を築いたのだから。しかし、所有欲とか所有者としてのプライドなどはないようだった。

ここに「引き寄せられて来た」と感じる人は、きっとだれもが歓迎されるのだろう。だれかの家に磁力のような調和を感じて引き寄せられる同種の人こそ本物である。人は同一の波長に同調して出会うものにほかならない。

帰路、見とれるほどに美しい緑の野原で、私が子供のときに知っていた羊飼いの老人が、小さな丘の上に座っていた。羊の群れを見守るときに使う杖が横にあった。

「こちらの世界でも放牧をしているんですか?」と私はたずねた。彼は答えた、「ああ、お若いの。わしは自分の羊たちなしでは絶対幸せにはなれぬ。わしたちはおたがいを知りつくしているのだよ」

そのとき、二頭の子羊がメエメエと鳴いた。あたかも「ぼくたちも同感だよ」と言うように。

しかし、イギリス人とイギリスの動物や鳥だけが死後生存しているなどと思ってはならない。ずっと遠くの野で私は、ライオン、虎、キツネ、象、猿、瞑想にふけっているようなラクダや、鮮やかな色の熱帯の鳥たちを見つけた。実に、あなたが考えつくあらゆる生き物を。

ライオンが子羊と共に横たわるという神の預言は作り話ではなかったのだ。恐怖のないその地には、他を攻撃するという本能は存在していないようだった。人々の集団は——そのうちの多くは地上ではおたがいに遠いところに住んでいた人たちだ——みな親しい集いをなして歩いていたし、あらゆる肌の色の子供たちがいて無邪気にはしゃぎ回り、野生の動物もしばしば一緒に遊んでいた。私は覚えている、明らかに到着したばかりの一人の婦人が興奮して、こう叫ぶのを。

「見て、エルシー、本当にあのライオンが私の足をなめたのよ」

恐怖を消す池

あるとき私は、クリーム色の長い衣をまとった男を見た。はじめ私は彼のことを僧侶《そうりょ》かもしれないと思ったが、ブラザー・ピーターが、その男の人はより高い霊的階層から来た教師だと教えてくれた。青空説教壇《せっきょうだん》といえるような場で彼が話を始めると、すぐに大勢の人が話を聞きに集まってきた。それも強制というわけではない。聞きたいと思った人たちが来るのだ。

彼の説教は、ほかの生命のために奉仕することについてであった。地上界に住む人々のために、そして心に思ったことが現実化する場所でとまどっている新来の人たちのためにも。彼はまた、動物や鳥のために役に立つことをすること、特に無残に殺されたため、天国に来てからもまだ恐怖からパニックを抜け出していない動物たちのために奉仕することについても話してくれた。

じつにシンプルな内容であり、最高の励ましとなる話であった。誇張もなく身振り手まねもない。それは愛だった。そこに集《つど》った住民たちに、他人のために何かすること、この幸せの地においてさえも他者のために奉仕し、出向くということ、昔ナザレで、あの大工の息子がしたように「善を行う」ということを、愛によって呼びかけていた。その教師の言葉の中で私が非常によく覚えているのは、「あなたがだれかの役に立ちたいと願えば、小さなパワーしかないかもしれないあなたの中にも、力強いパワーが流れ込みます。この流れが小さき者に大きな働きをさせてくれるのです」というものだった。

教師が去ったあと、ブラザー・ピーターが、あの男性は地上ではパレスチナに住み、パン屋で働く人だったと言った。彼は、山の斜面に集まった群衆に店の商品を売るよう出向かわされた。しかし途中で大勢の人が買ったため、群衆のところに行き着くころは売るものがほとんどなくなっていた。しかし、〝あの方〟が、かごの中の食べ物を祝福して友人たちに言った。「全部の人々に食べさせなさい」と。わずかしかないようであった食べ物はどういうわけか各人を満腹させるのに足りた。〝あの方〟とは、神、すなわちすべての人間の父（と彼は呼んだ）を信じる者には不可能なことなど何もないのだという教えで人々によき影響を与えていた人のことである。信仰、奉仕、それに強力なパワーが加わって、不可能に思えたことをやってのけたのだ。

また別のとき、私はブラザー・ピーターと立派な遊泳池に行った。それは地上界を出てからまず行き着く霊界の門の近くにあって、恐怖におののいている人々や動物たちが来ると、その池で水浴びするよう勧められた。水はたいへん気持ちよく、恐怖の思い出は洗い流されてしまう。この池は満開の花をつけたサンザシの木々に囲まれており、その香りもまた心地よいものだった。

死者たちが恐怖を克服する話をたくさん聞いたのは、この池の岸辺に座っていたときである。

オートバイの事故で亡くなった、友達仲間四人と彼らの犬がやってきた。死の瞬間の恐怖の衝撃ときたら凄まじいものだったが、天国の門をくぐるのとほとんど同時に、彼らはここの住人たちに勧められた。「気持ちのよい水浴びはどうですか。よい効き目がありますよ」

それから事故のショックはただちに彼らから消えた。

また別の、自殺した青年がいた。生前の彼は自分のしたことの過《あやま》ちからくる不安にとりつかれていたので、解決策はただひとつ、命を断つことだけと思ったのだ。彼は生命が生き通しであるなどとはほとんど理解していなかった。彼が水浴びをした後に、ある賢者が彼を呼びとめ、話をし、慰め、そして他者への奉仕について教えた。

後の訪問で同じ霊界域を訪れたとき私はその男に再会したのであるが、彼はすでにとても幸せそうであった。なぜなら彼は、自殺を企てている怯《おび》えた不幸な地上界の人々とどのようにコンタクトするかを学び、彼らに思いとどまるよう説得するというすばらしい使命を発見したからである。

ローラと野生の王国

私はある特定の動物と人々のペットの話をいくつかしてきたわけだが、では飼われたことのない、あるいは誰からもかわいがられたことのない何百万の野生動物はどうだろうか。

じつは、彼らが完璧な自由のもとで暮らす申し分のないゾーンがあるのだ。しかも柵で囲んであるわけでもなく、この広大な世界で人間たちが住んでいるゾーンへの出入りも自由だ。

しかし、彼らは自分たちの霊界域にある未開の荒野のほうを好む。そこが彼らの故郷なのだ。ブラザー・ピーターと、動物をいつもかわいがっていたある女賢者は、私をそこに連れて行ってくれた。

この女賢者はイギリス出身だったが、何年間かペルシャで暮らした。そして高齢に達するまでずっと、人々に動物を愛する心を吹き込もうと試みた。だが、彼女が地上にいる間はほとんど実りを見なかった。彼女が天国に到着するとすぐに大声で呼ぶ声が聞こえた。

「ようこそ、さあこちらへ。動物界はあなたをお待ちしておりました」

驚いたことにそこには、残酷な仕打ちをした家々から彼女が救い出した動物たちがいた。彼女が幸せを祈ってあげた動物たちが。そして信じがたいことに、凶暴な灰色リスに殺される危機から彼女が命を救った茶色の小リスさえそこにいた。

霊界の人々は彼女に、「野生の獣たちを幸せにする手伝いをしてほしいのです」と言った。これ以上に彼女を喜ばせる仕事はありえなかった。

あれはなんとすばらしい旅だったことだろう……私は旅の間中、そこに生き生きと輝く鳥、獣、そして昆虫たちを目にした。木々と茂みと草と苔、スコットランドの松から熱帯のヤシの樹にいたるまで、それこそありとあらゆる種類の植物があった。湿原、低木の密生した林、森の中の開けた空間、湖、川、快い水音の音楽を奏でる滝。

私たちの案内人は、名をローラといった。

「動物では何が一番お好きかしら」とローラは私に質問した。

「猿です」と答えると、彼女は、「ちょっとお待ちになって」と言った。私たちはじっと立っていた。

ローラは音や声を出して動物を呼び寄せるのではなく、精神統一で呼び寄せるのだった。すぐに猿たちが私たちのほうにやって来た。猿たちはフレンドリーで、もちろん好奇心でいっぱいだった。ローラが再び精神統一すると、賢いノドジロオマキザルの老猿《ろうえん》が私の肩に軽やかに、そして愛嬌《あいきょう》たっぷりに跳《と》び乗ってきた。

それから――一頭のテナガザルがブラザー・ピーターの手をとり、私たちは先へ進んだ。動物たちとの会話も精神統一を通してのようだった。ローラの思っていることは動物たちに伝わり、動物たちは彼女に従った。ほかの動物も同様に呼び寄せることができるかどうかローラにたずねると、

「もちろんですわ。何を呼び寄せましょう」と言った。私は象とラクダを頼んだ。すると、これはこれは。大きなビロードでできたような象が私たちのほうにのっしのっしとやってきた。少し後からはかわいい年寄りラクダも。ラクダの背中には今や重い荷物などない。そのラクダは地上のどのラクダより自由だった。

「動物たちが自分たちのゾーン内にいる様子をここから見てみましょう」とローラが言った。「私は彼らに、そこから出てくるよう命じたりはしません。彼らは自分たちの望むままに自由に出たり入ったりします。私はゾーンの外を歩き回っている動物だけを呼ぶのです」

私たちは丘に登り、陽に照らされた谷、森、低木の林、蛇行《だこう》する大きな河を見下ろした。それは限りなく遠くまで続いていた。私たちは谷を下りながら語り合った。それはまさしく平和の谷であった。愛らしい生き物たち、そのうちの多くは地上の悲しい学校において、人間の残忍さゆえに、人間を恐れ憎むことを学んだのであった。狩猟で殺された動物もいたし、鋼鉄の罠で捕まった動物もいたが、この谷には平和があった。そして愛と慈しみ、思いやりと憐《あわ》れみを与えられる人間たちだけが、この谷に入ることを許されていた。鹿、虎、ウサギ、狼、キツネ、アナグマ、ライオン、チンパンジー、リス、野ネズミ、馬、ダートムーア地方で見られるような長毛のポニー、そしてほかにも大勢。

私たちは彼らの間を歩き回ったが、私たちから発するオーラのおかげで怖がる動物はいなかった。

「彼らはこの地でこそ、完全に自然に生きることができるのです」とローラが言った。

「目を覚ますのも眠るのも、活動するのも休むのも、彼らの好きなようにできるんです。それが彼らの天国です。これらの動物がかつては、いわゆる野獣と呼ばれていたわけですね。ところで、飼い主より前にこの世界に来たペットたちの住むゾーンに行ってみましょう」

ペットの世話人たち

ローラが再び精神統一すると、二人の青年が現れた。青年たちは私の希望を知っているようだった。

「こちらへどうぞ」と年上のほうが言った。「あなたは動物が大好きだってことがわかりますよ」

「どうやってわかるのですか」私は質問した。

「あなたは動物好きの色を身にまとっていらっしゃいますから」彼はほほえんで答えた。「オーラを見ればその人についてすぐに多くのことがわかりますよ」

若いほうの青年は、先に木々の間の開けた場所まで急いで行って、小声でだれかを呼んだ。

すると驚いたことに、私のサークルに参加していたメンバーのうち故人となっていた二人が現れた。二人とも、大の動物好きだった。

彼らは私を大歓迎した。

「どうです、すばらしいでしょう。私たちはみんな動物たちと一緒にいて、彼らのご主人様たちが地上からこちらに来るまでの間、彼らをかわいがって世話しているのですよ」

そのとき私は気づいた。地上で非常にかわいがられた動物は、自分たちの飼い主が天国に来る用意ができるまでの期間、自分たちをかわいがってくれる人々のところに引き寄せられ、彼らもそうした人々を引き寄せるのだということに。

このあたりのゾーンは野原といい家々といい、どちらかというとイギリスの田舎に似ていた。そして居住者は全員動物好きだった。この人たちは、まさに適切な場に自然と引き寄せられていたのだ。彼らの使命とは動物たちに慈愛を与えることであり、それは彼らが楽しみながら果たす使命である。

このゾーンもまた果てしなく続いていた。野原中でもそして小道でも人々は犬と遊び、家ではペットの猫をかわいがったり、小鳥に話しかけたりしていた。

小鳥たちには鳥カゴなど不要だった。なぜなら、彼らが愛のもとから飛び去ることはないからである。

疑ってかかる人は馬鹿にして、「なんという天国だ！」と言うかもしれない。私はこう答えよう。「ハープ奏者ばかりが一杯いる、玉座《ぎょくざ》の間《ま》での謁見《えっけん》よりはましじゃないですかね」と。

これは善《よ》き天国なのだ。あらゆることがそうであるように、これは計画されていたのだ……神によって。そして神の愛は人間の精神ではとても計り知れないほど大きく、永遠なる神の心は最も崇高《すうこう》で優しい。

私が動物の霊界についてある少年に話すと、少年は言った。

「神様はすべてのものを大切に思ってくださっているんですね。そうでしょ？シャープさん」

命は永遠に生きる

おわかりだろうか。私たちはじつに多くのことに対して盲目なのだ。私たちはまったく、物事の表面にしか目をこらしていない。天使のささやきに耳をふさぎ、神をおろそかに扱う。盲目の人の目が開き、聾者《ろうしゃ》の耳が通じるところ、それが天国だ。「不朽の美しさ」や「天球のハーモニー」という言葉は、決して天国についてのオーバーな表現ではない。(訳註1)

また、天国には動物好きの者とその人たちのペットと、野生の生き物たちばかりで占められていると誤解しないでほしい。私は本書で、これらのことに焦点を合わせてみたにすぎない。

あなたのペットは楽園に行ってじつに幸せでいるのに、あなたときたら非常に悲しんでいる。じつを言うと、彼らはあなたが地上界で幸せにしてあげられるより以上に幸せなのである。それでもあなた同様、ペットたちにも記憶と忠実さが備わっている。だから、あなたが天国の玄関を通過したその瞬間、彼らはあなたのもとにやってくる。いつもそうなのである。あなたが例外になってしまうことはないのだ。なぜなら――神はあらゆることについて配慮していらっしゃるのだから。

実際、神の本質があなたの中にあるように、動物たちの中にもそれがある。

次の賛美歌を覚えているだろうか。

大きなものにも小さなものにも、神は与える、すべてに生命を。
すべての生命の中に神は宿る、すべての真実なる生命として。

この賛美歌を書いた人の意図をより明らかにできると思って、私は特定の言葉を強調した。神の本質が人間の中にあるからすべての人間は神の子であると私たちはいつも言っている。それは本当だ。しかし、神の本質はあらゆる生き物の中にあるのだ。生命を造ったのは神以外のだれでもない。そして、すべての生き物の中にある神の本質がすべての生き物を結びつけている。

これが、なぜ私たちが永遠なる存在であるかの理由である。これが、なぜサマセット通りで事故死した犬のネルが今も生きていて、主人を待っているかの理由である。

ネルは今、自分を世話してくれる愛情あふれる人々と一緒で幸せである。が、それでも、再会の瞬間がくれば……。いつか、ネルのご主人様夫婦がネルと一緒になるすばらしい日がくるだろう。そしてそのとき初めて、家族のメンバーが全員そろったと言えるのだ。

いつか今以上に幸せになるということにネルは気がついていないが、その時がくるまでの間もネルは愛され、愛をふりまき、そして幸福なのだ。

私が体外離脱をした際に、ブラザー・ピーターと行った散歩が思い出される。そのとき私たちは、道の上ではしゃぎながら歌い遊んでいる幼い子供たちの一群に出会った。一頭のジャーマン・シェパード犬が子供たちと一緒だった。すごく大きくて強そうな犬、だが子供たちと一緒のときは子羊のようにおとなしい。

その犬が地上界にいた時、ある少年がその犬をいじめた。犬はただ少年に教訓を与えるつもりで少年をかみ、上着を破いた。しかし、法律はその犬を危険と見なし銃殺を命じた。お仕置きされなければならないのは明らかに少年のほうだったのに。飼い主の女性は涙を流して嘆願《たんがん》したが聞き入れられなかった。

だが、もしこの女性が今その犬に会えたら、悲嘆にくれるのを止めるだろう。彼女がその犬を恋しがるのは当然である。不正が正義にとって代わったと彼女が思っているのは当然である。けれどもその犬は子供たちと非常に幸せに生きているし、子供たちもその犬と幸せに生きている。そこは、不正や無知の君臨《くんりん》することができない世界だ。

いつか彼女は、この犬と再び一緒になれるだろう。私がこの旅を思い出すとき、あの犬の喜びにあふれた吠え声が今も聞こえてくる。この思い出は、それほど私の心に強く残っている。

（訳註1）「天空はいくつかの層になっていて、各層の間隔が調和音程の比例になっている。その運行によって美妙な音楽が生ずる」というピタゴラス学派の説。

5

動物は霊的な存在である

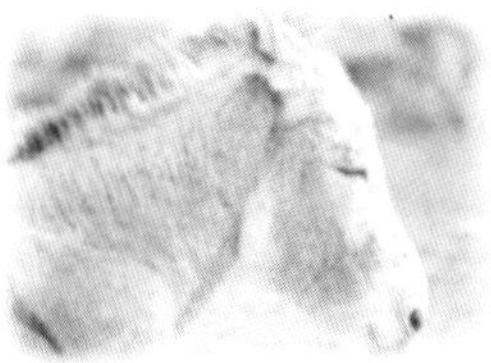

魂は自由に旅をする

昨日私は、ある牧師の未亡人から手紙を受け取った。手紙の中で彼女は次のように述べている。

最近のこと、お気に入りのアームチェアーに座って目を閉じ、静かに休んでいた。だが、眠っていたわけではない。すると突然ひざの上に、他界したエアデール犬が頭を乗せているのが感じられた。それが霊の出現と気づくまで、彼女はごく自然に犬の頭をなでていた。犬はあたかも肉体を持ってそこにいるかのようだった。

それ以前にも、彼女のご主人（霊界にいる）がお気に入りのアイリッシュ・テリアを連れて、屋敷の土地を歩いている姿を見たこともあるという。

アストラル・トラベル（アストラル体〈霊的身体〉での旅）の現実性がどのようなことかあなたが少しでも理解できるように、動物とは関係ないひとつの体験をお話ししよう。

私はアストラル体で旅していた。カンタベリーで私の肉体がトランス状態にあった時、ハムステッドで歩いている私を、個人的に知っている四人の人たちがはっきりと目撃したのである。

この時期、私はウェスト・ハムステッドに住んでいた。私の大家さんはミセス・マーチンだった。彼女の娘さんメーベル・マーチン嬢は、私の霊的修練サークルのメンバーだった。マーチン家は家の一階に住んでおり、私のアパートの部屋はその建物の最上階だった。

マーチン嬢にはリッチモンドに住む一人の友人があった。ミセス・ウェストという人だ。ミセス・ウェストはひんぱんにマーチン家の客になって、そこに滞在するたびにマーチン嬢に言った。

「ハロルド・シャープさんに下りて来てもらって、霊体験を何か聞かせてもらいましょうよ」と。その話になったある晩のこと、マーチン嬢は答えた。

「ええ、でも残念だけど彼、今回はだめなのよ。週末はカンタベリーに行ってて火曜日まで帰らないの」

月曜の朝、私はカンタベリーにあるスピリチュアリストの教会で、死後生存の事実を証明する降霊サークルをひとつ受けもつ約束があった。十二人の遺族の人たちに心の安らぎをもたらすために、ブラザー・ピーターが私の体を借りて一時間以上トランス状態の下で話をした。


ウェスト・ハムステッドでちょうどそのとき、次のことが起きた。マーチン嬢が台所で朝食を作っていた時、ミセス・ウェストが叫んだ。

「メーベル、ハロルド・シャープさんは週末いないってあなたが言ったと私思ってたんだけど、そうじゃないのね。今、帽子とマントを身につけてアパートから出て階段を下りていくところよ」

マーチン嬢は自分の耳がほとんど信じられず、フライパン片手に前窓のところまで来て私を見た。

すぐ近くのかどには、私がいつもケーキを買っていた小さな手作りケーキ店があった。店主のミセス・マーガレット・ハリスンも私のサークルのメンバーだった。この店にはミセス・ハリスンを手伝っている、ミセス・ジェリーという人がいた。ミセス・ジェリーが店のショーウインドーにケーキを並べているちょうどそのときに、道路の反対側に渡っている私が見えたので手を振った。

「だれに手を振ってるの？」とミセス・ハリスンがたずねた。

「あら、あれは間違いなくハロルド・シャープさんよ、風にマントをなびかせて歩いてるわ」

「そんなはずないわ」とミセス・ハリスンが言った。「彼はカンタベリーで週末のお仕事なのよ」

そして、ミセス・ハリスンが手を粉だらけにしたまま店のウインドーまで来ると、やはり私が見えた。

「彼はけっきょく行かなかったのね」彼女はそれが唯一の説明だと思って、そう言った。

これがアストラル・トラベルの意味することだ。私を知っている四人の人がみなベルサイズ・ロードで私を目撃したのである。これと正確に同じ時刻、私はカンタベリーにいた。私がトランス状態にある間、十二人の人たちが私のもとに集まっていた。あの「私たちを助けるために遣《つか》わされた救済の霊たち」の一人が私の口を通して伝える、慰めと知恵の言葉を聞くためである。

私の肉体がブラザー・ピーターの保護下にあって安全である間、なぜ私の魂が自分のアパートに飛んで帰ったのか。それはこう推測できる。私がカンタベリーに出発する前日、エジンバラ心霊カレッジから電報を受け取っていた。予定していた講演者が病気で来れないから、急だが来てもらえないだろうかと言ってきたのだ。私は、火曜まで仕事の約束があるが火曜の夕方でもよければ、という電報を打った。私がカンタベリーに出発したとき、返事は届いていなかった。そこで、どのような準備をしたらよいか私の真の自己が知りたくてたまらなかったと考えるしかない。

私にはベルサイズ・ロードにいた記憶はないのだが、私を目撃した四人はみな完全に信頼のおける人たちである。はじめに彼女らは別々に私を見た。一人が見た後、次の人というふうに。いずれの人も、聞いたことが信じられず、好奇心から窓ぎわまでやって来た。この四人はみな何年も昔から私を知っており、いつも私と話をしていた人たちばかりである。

この種のことは、じつはあなたも折にふれ体験しているのだ。これまでにもあなたは、愛する人たちと彼らの霊界の住まいで一緒に時を過ごすために旅をしているはずだ――彼らに悩み事を話したり、アドヴァイスを求めたり、仲間づきあいを楽しんだことがあるはずだ。なぜなら、死はなく、天国は非常に近いのだから。

そしてあなたのペットも、間違いなくあなたを見つけ、喜び勇んであなたのほうに駆け寄ってくるだろう。

愛の祈り

動物はしばしば人間より霊的である。彼らには霊的な面での自己限定など、ほとんどないようだ。だれも動物たちにそれが変だと言ってこなかったし、言おうと思う人もなかったので、動物たちは自分たちの能力をごく自然に使っている。あなたの犬や猫が突然、何らかの目に見えない生き物をじっと見て、部屋中追い回しながら明らかにその生き物の動きを目で追うのを、あなたは見たことがないだろうか。

かなり昔のことだが、動物の霊的能力をじつに正確に描写した映画を観《み》たことが思い出される。霊界にいる男性が、自分が残した遺書のある箇所が家庭に不幸を引き起こしているのを見て、ことを正しく運ばせようと家を訪れた。家族には彼が見えないが、彼の忠実な老犬は彼を見て喜んで吠え、ご主人様が今も肉体を持っているかのように彼のもとに走って行くのだった。そこの人間たちには霊的能力はなかったので、なぜ犬がそんなに興奮しているのかわからなかった。

ああ、と私はひそかに思った、日常に起きていることに関しての、なんと真実の描写だろうかと。なぜならば、永遠に生きるものたちはいつでも私たちのまわりにいて、私たちを祝福し励ましてくれているからだ。二本足のものたちだけではなく四本足のものたちも同じように。そして、翼で空を切って飛ぶ生き物たちも同じように。

生命のこれらひとつひとつが、私たちを計画して造った同一の神によって造られたのであれば、私たちは愛とやさしさを抱いて彼らと共に生きるべきではないだろうか。彼らを残忍に扱うのは、私たち自身の種族に対する残忍さと同様に許しがたいものではないだろうか。

私は期待し、祈る。同情と憐れみの心と慈愛が、人類の真の美徳の基準となる日が来ることを。ハンティングや罠猟《わなりょう》、銃殺や毒殺が、野蛮な時代から伝えられてきた過去の語り草にすぎなくなる日が来ることを。ちょうど、戦争で人間がゆりかごの赤ん坊に爆弾を投げ、愛なる神の聖堂に勝利の軍旗を飾った野蛮な時代が、過去の語り草にすぎなくなったように。

果樹園での立ち聞き

スズメがコマドリに言った、
「おいらは
知りたくてたまらないんだ、
なぜこのこせこせ忙しい人間どもは
いつもあわてて急いで、何でも気に病むのかを」

コマドリがスズメに答えて言った、
「友よ、おいらが思うに、彼らには
いないに違いないよ、
あんたやおいらを
愛してくれてるような
天国の神様が」

訳者あとがき

本書『ペットたちは死後も生きている』の原題は *Animals in the Spirit World* つまり、「霊界の動物たち」である。肉体の殻を脱ぎ捨てた動物たちが霊界でどのように過ごすのか、ハロルド・シャープ氏は独特の温かな口調で私たちに語りかける。

日本は今、空前のペットブームだ。書店に並ぶペット雑誌の多さには帰国するたび驚く。ページをめくると、これまた「うちの子がいちばん」と訴える飼い主たちの得意げな笑顔がほほえましい。動物好きがひとりでも多くいてほしいと願う私は嬉しくなる。しかし、一方で、ペットをわが子のように、また家族の一員のように愛する人がペットを亡くしたときに体験する悲しみ、苦しみは想像以上に深刻だ。愛するペットたちの死を私たちはどう受け止めたらよいのだろう。

ペットロスに苦しむ人の中には、周囲の不理解に悩み苦しむ人も少なくないと思う。動物からの愛を受けたことのない人は「たかが犬（猫、小鳥……）が死んだくらいで」と、ペットを亡くした人の気持ちがよくわからない。苦しんだ末に精神科を訪れる人もいるそうだ。が、訪れた病院で笑い者にされることさえあるという。

いわゆる「ペットロス症候群」とはなにかを、私は最愛の犬を亡くしたときに知った。何ヵ月も食事が喉を通らず、「時が解決してくれる」という慰めは偽りに思えた。そんなとき、ひとつの課題が私の心を捉えた。それは、「死とはなにか」というものだった。愛する犬は消滅したのではない、という漠然とした思いが、シャープ氏の本に巡り会ったときに明確になった。

ロンドンの書店で原書を見つけたときの喜びを、私はどう表現したらよいだろう。写真のシャープ氏は崇高な笑顔で私に話しかけてきたのだ。「もうだいじょうぶだよ」と。ロンドンからフランクフルトへ向かう機内で、私は待ちきれず本を開いた。

「愛は死によって破壊されない」「ペットたちはあなたが地上界で幸せにしてあげられるより以上に幸せなのである」という言葉に涙が止まらなかった。読み終えたとき、私はこの本を見つけたことが決して偶然ではないと信じることができた。

ハロルド・シャープ氏は一八九一年イギリスに生まれ、一九八一年に他界するまで有能な霊能者として活躍し、人々から敬愛された。二十世紀初頭のイギリスでは霊界とのコンタクトが流行し、医師や科学者たちが研究機関を組織し、霊能者の養成にも貢献した（現在も続いている）。本書にもあるように、「物質化」も競って行われ、一時は物質化がうまい霊媒ほど賞賛の的になったという。しかし、中には名声を得たいあまりにトリックを使った不謹慎な者がいたこと、そして二度の大戦もあって、「物質化」は重要視されなくなっていく。また、「物質化」は霊媒の体力を著しく消耗することもあって、今日ではあまり行われない。信頼のおける霊媒のリーディングだけで人々が十分に癒され得る、ということも大きく関係している。

シャープ氏は文中で述べている、「絶対の確信を持つためには、自分自身の体験がどうしても必要であると私は思っている」と。私には、ドイツで音楽家として活躍しているイギリス人霊媒のリーディングを受けた経験がある。彼はシャープ氏の名を知っており、尊敬していると語った。そして、私の亡き父の天国での暮らしぶり、私が子供時代に他界した遠い親戚の人たちのこと、愛犬がしょっちゅう私のもとに来ているということなどを語った。テープにとった一時間にわたるリーディングは私の手元にあり、人一倍懐疑的であった夫も、それを聞いて、「他界の存在を信じる以外ない」と言う。そのとき、シャープ氏の語った意味がよくわかった。

余談になるが、本書のドイツ語版のあとがきに興味深いエピソードが記されている。シャープ氏はある日、トランス下で彼の指導霊カーン・チーからメッセージを受け取った。それは、彼がまもなく北京でカーン・チーの墓を訪れる、という実現しそうにない内容だった。当時（一九六〇年頃）、中国に行く予定も可能性もなかったからである。ところが、一九六二年のモスクワ訪問中、キューバ危機が勃発、彼はソ連からイギリスに直接帰国することができなくなり、イギリス植民地であった香港を経由してイギリスに帰ることになったのだ。かくして彼は北京で数日を過ごすことになる。

彼が北京の街を歩いていると、墓地に出くわした。そのとき、カーン・チーの声がした。「私の墓がここにある」——その声に導かれ、シャープ氏は墓の間を歩き回った。そして、ひとつの墓石の前で立ち止まった。それには異国の言葉で、「カーン・チー」と刻まれていた……。

また、私はシャープ氏のことが少しでも知りたいと思い、彼と直接会ったことのある人を探した。彼の所属していた英国スピリチュアリスト協会に手紙を書くと、ずいぶんたってから一通の手紙が届いた。文体から、年配の婦人のようだった。「私の母は何度かシャープ氏にリーディングをしてもらいました。彼は愛にあふれた人柄で人々の尊敬を集めていました」と書いてあった。

私は今こう信じている。いつか天国の玄関を通過したその瞬間に、あのなつかしい動物たちに再会できるのだ、と。カナリア、文鳥のピッポ、おぼれかけていた小雀（文中のスパジーのように私に馴れてくれた）、亀のジミー、アヒル、にわとりたちと再会するのだ。そして、愛犬のチロ、ユキ、パリ、タンタンが、一目散に駆け寄ってくるさまを夢見る。それが至福の瞬間でなくてなんだろう。

本書を書いたシャープ氏にお礼を言いたい。本書に巡り会わせてくれた愛犬タンタン、ありがとう。永遠に愛します。

最後に、邦訳の完成に、心温まる指導をしてくださった日本教文社・第二編集部の田中晴夫氏に、そして巻頭に心温まる一文をお寄せくださいました山川亜希子様に、天国のペットたちともども感謝いたします。

二〇〇二年四月二六日

リンゴの花が満開のドイツ、ヴィースバーデンにて

小野千穂

第一六版への追記

あとがきの中で述べたイギリス人霊媒とはその後、個人的に親しくなり、連絡を取り合っている。その後、私は彼のデモンストレーションにも何度か出席した。彼は天国に行ったペットたちの名前を言い当てて参加者を驚かせる。最前席に座っていた私に向って壇上から、「ところで、あなたの白くて小さな犬がさっきから会場を走り回っていますよ！」と言われたこともある。

その彼から手紙が来た。

「ロンドンで、ハロルド・シャープ氏をよく覚えているという女性に出会いました」とあった。

ロス・Cさんという女性、九十を何歳か超えた高齢の方である。おそらくシャープ氏を直接知る最後の人だろう。「シャープさんは本当にやさしい人で、人間にも動物にも等しく親切でしたよ」と語ったそうだ。その手紙を読んだとき、シャープ氏に一度でいいから会っておきたかったという願いが時空を超えて少しばかり叶ったような、彼の存在が急に近くなったような、そんな幸せを私は感じた。

二〇一一年三月

小野千穂

追記・本書の印税は捨てられた動物の命を救うためと「殺処分」廃止運動のために使わせていただきます。

◎訳者紹介——**小野千穂**（おの・ちほ）＝翻訳家・エッセイスト。熊本女子大学卒業後渡米。アメリカ、中近東に住む。現在ドイツ在住。著書に『インシャアッラー素顔のアラブ』（三修社）、『旅。中国みつけた！』（サンケイ出版）、『上海、劇的な……いま！』（朝日ソノラマ）、訳書に『なぜ私は、幸せではないのだろう？』（日本教文社）、『Qi-Healing』（講談社インターナショナル、矢山利彦『気の人間学』〔ビジネス社〕の英訳書）がある。
ホームページ＝http:www.onochiho.net/

ペットたちは死後《しご》も生《い》きている

初版発行――平成一四年五月二〇日
三〇版発行――平成三〇年一月一五日

著者――ハロルド・シャープ
訳者――小野千穂（おの・ちほ）

発行者――岸　重人
発行所――株式会社日本教文社
東京都港区赤坂九―六―四四　〒一〇七―八六七四
電話　〇三（三四〇一）九一一一（代表）
〇三（三四〇一）九一一四（編集）
FAX　〇三（三四〇一）九一一八（編集）
〇三（三四〇一）九一三九（営業）
振替＝〇〇一四〇―四―五五五一九
印刷――東港出版印刷株式会社
製本――牧製本印刷株式会社
装幀――清水良洋
装画――佐の佳子
ISBN978-4-531-08134-9　Printed in Japan
乱丁本・落丁本はお取替えします。定価はカバーに表示してあります。

ANIMALS IN THE SPIRIT WORLD
by Harold Sharp

株式会社 日本教文社　〒107-8674 東京都港区赤坂 9-6-44 電話 03-3401-9111（代表）
日本教文社のホームページ　http://www.kyobunsha.jp/
宗教法人「生長の家」〒409-1501 山梨県北杜市大泉町西井出 8240 番地 2103 電話 0551-45-7777（代表）
生長の家のホームページ　http://www.jp.seicho-no-ie.org/
各本体価格（税抜）は平成30年1月1日現在のものです。品切れの際はご容赦ください。

日本教文社のホームページ